A Review of Mangrove and Seagrass Ecosystems and
Their Linkage to Fisheries and Fisheries Management

红树林和海草生态系统
及其对渔业和渔业管理的影响研究

〔澳〕P. 森格尔 〔澳〕D. 加特赛德
〔泰〕S. F. 史密斯 主编

吴 瑞 梁计林 陈丹丹 译

Published by Arrangement with the
Food and Agriculture Organization of the United Nations (FAO)
by the
China Science Publishing and Media Ltd.

科学出版社

北 京

图字：01-2017-5858 号

内 容 简 介

本书以亚洲热带及亚热带地区红树林和海草生境为研究对象，根据大量的文献及相关资料，综述了红树林和海草生境的研究进展，并系统阐述了它们与渔业生产之间的关系，为红树林、海草和渔业资源可持续利用、保护及管理提供了科学依据。全书首先提出了红树林和海草生态系统研究的难题，其次阐述了红树林和海草作为结构性渔业生境、红树林和海草在近岸食物网中的重要性、河口生境连通性，对红树林和海草消失的原因及程度、红树林和海草扩张的原因及范围加以说明，最后提出了加强现有生境的其他方式、渔业生产与红树林和海草生境的范围变化之间是否存在关系，并给出了建议。

本书可供相关领域的研究者和管理者，以及大中专院校师生阅读参考。

书名：A Review of Mangrove and Seagrass Ecosystems and Their Linkage to Fisheries and Fisheries Management，该书英文原版由联合国粮食及农业组织（FAO）出版。该中文翻译版由中国科技出版传媒股份有限公司(科学出版社)获得授权出版，对译文质量负责。如有差异，请以原著内容为准。

粮农组织网站中使用的名称和介绍的材料并不表示粮农组织对任何国家、领土、城市或地区或其当局的法律地位或发展状态，或对其边界或国界的划分表达任何意见。提及具体的公司或厂商产品，无论是否含有专利，并不意味着这些公司或产品优于未提及的其他类似公司或产品而得到粮农组织的认可或推荐。该材料中表达的观点仅代表作者的观点，并不反映 FAO 之观点或政策。

图书在版编目（CIP）数据

红树林和海草生态系统及其对渔业和渔业管理的影响研究 /(澳)P. 森格尔 (P. Saenger)，(澳) D. 加特赛德 (D. Gartside)，(泰) S. F. 史密斯 (S. Funge-Smith) 主编;吴瑞，梁计林，陈丹丹译 . —北京：科学出版社，2018.2

书名原文：A Review of Mangrove and Seagrass Ecosystems and Their Linkage to Fisheries and Fisheries Management

ISBN 978-7-03-055003-3

Ⅰ．①红… Ⅱ．①P… ②D… ③S… ④吴… ⑤梁… ⑥陈… Ⅲ．①红树林－森林生态系统－影响－渔业经济－研究－亚太地区 ②海草－生态系统－影响－渔业经济－研究－亚太地区 ③红树林－森林生态系统－影响－渔业管理－研究－亚太地区 ④红树林－生态系统－影响－渔业管理－研究－亚太地区 Ⅳ．①F330.64

中国版本图书馆CIP数据核字（2017）第262977号

责任编辑：朱 瑾 郝晨扬 / 责任校对：任云峰
责任印制：张 伟 / 封面设计：铭轩堂

科 学 出 版 社 出版

北京东黄城根北街16号
邮政编码：100717
http://www.sciencep.com

北京京华虎彩印刷有限公司 印刷

科学出版社发行 各地新华书店经销

*

2018年2月第 一 版 开本：720×1000 B5
2018年2月第一次印刷 印张：5 1/4
字数：106 000

定价：98.00元

（如有印装质量问题，我社负责调换）

致　谢

　　我要感谢渔业、红树林、海草专家审查小组，感谢小组成员提供有用的建议、信息反馈、实例和出版资料。审查小组的成员有: Dan Alongi 博士、Steve Blaber 博士、客座教授 Eong Jin Ong、Kandasamy Kathiresan 教授、Joe Lee 教授、Neil Loneragan 教授及 Ivan Nagelkerken 教授。我还要感谢 Rudolf Hermes 和 Derek Staples 提供的建议和给予的帮助，这些建议和帮助提高了本书的水平。

序

  在亚洲热带和亚热带地区,红树林和海草生境为大量动植物的部分或整个生命周期提供栖息地。这些物种很多都被开发成食物,成为手工渔业及商业性渔业的目标。红树林不仅能为渔业生产提供广泛的生态系统服务功能,还对沿海环境和沿海居民的生计十分重要。红树林不仅提供多种多样的渔业产品及一些水产养殖、林产品、木材和野生动物的种质库,还提供一些非渔业生态系统服务功能,包括控制侵蚀、缓解污染和避免风暴或海啸灾害。

  人们普遍认为红树林和海草生境是重要商业性渔业物种的繁殖地,支撑着鱼虾养殖产业。但是,这些生境的退化和减少,以及它们在鱼类和无脊椎动物生命周期中的显著作用引发了这样的问题:随着这些生境的日益减少,为什么商业性渔业物种的产量并没有相应减少呢?

  该书综述了科学文献中关于红树林和海草生境的研究进展,以及它们与渔业生产之间的关系,揭示了一些关于红树林和海草对渔业生产作用的普遍看法可能被夸大或误解了,还发现渔业与红树林、海草之间的关系因物种和生命阶段不同而有所差异,因此需要根据具体情况进行具体评估。这样既不会低估红树林和海草生境的价值,同时也强调了用一个更全面的方法来管理沿海环境和渔业的必要性。这种方法必须充分考虑到相邻生境之间的复杂性和相互作用,以及管理捕捞活动特别是捕捞努力量的整体需求。

  该书很好地概述了红树林和海草生境如何与渔业相互作用的观点,总结出我们的知识水平有待提高的地方,并提出相应建议。该书特别总结了关于物种特定生活史和相邻生物群落之间生态连通性的研究,用来澄清红树林和海草生境与鱼类种群之间的关系。期待未来的研究使用更先进的方法和统计技术,更加明确地阐明红树林和海草生境与鱼类种群之间的所有关系属性。

助理总干事和区域代表 Hiroyuki Konuma

联合国粮食及农业组织亚洲和太平洋区域办事处

目　　录

概　　要

　　本书是基于红树林和海草生境范围及其与渔业生产的关系撰写而成的。本书关注显而易见的难题，即尽管普遍认为这些生境作为重要商业性渔业物种的繁殖地支撑着渔业生产，但是在大多数情况下，生境的日益减少并没有与渔业产量的下降相匹配。

　　为了探索渔业生产与红树林和海草生境之间的关系，本书提出了以下问题。

　　1）红树林和海草作为直接捕捞或间接渔业生产的渔业生境，其重要程度如何？

　　2）红树林和海草环境作为渔业生境，其贡献如何？

　　3）红树林和海草在哪些方面吸引和 / 或保持鱼类及无脊椎动物的幼体数量？

　　4）红树林和海草地区的范围和质量变化是否与渔业产量（生产）存在定量或定性的关系？

　　5）如果第四个问题的回答是肯定的，那么红树林和海草生境的质量与其范围或面积相比，哪个对渔业生产更重要？

　　6）是否有可能区分诸如自然和季节变化、捕捞努力量变化及过度捕捞引起的渔业生产变化，这些不是由红树林和海草生境范围和 / 或质量的变化所引起的？

　　7）哪些营养资源是可用的或来源于红树林和海草？

　　8）哪些措施可以扩大现有渔业生境？

　　9）有什么证据表明生境的增加将导致渔业生产（或生物多样性）的增加？

　　10）存在哪些信息差？

　　本书得出的结论是，目前关于生境范围与渔业生产之间关系的观点并不普遍适用。相反，似乎渔业产量多数情况下在空间和时间上，因其养殖结构和种类的不同而不同。

尽管几乎所有的研究都在较短的时间内进行，但是环境差异性、物种间个体差异性、每年捕捞量的较大差异、捕捞量和生境范围的数据不足或不可靠，以及长时间跨度下生境范围的实质性变化，使得分析更加复杂。

关于生境范围和渔业生产之间的关系，基于统计推理（相关分析和回归分析）得出的广义概括似乎是不全面的，当我们把变量之间的自相关考虑在内进行修正时，将显示出生境范围与渔业生产之间的不同关系。

最后，确定了一些信息需求，特别是关于特定物种生活史及相邻生境生态连通性的研究，如果解决了这些问题，将可以更明确地揭示红树林和海草生境与鱼类种群之间的任何关系本质。

1

绪　　论

红树林和海草生态系统是广泛分布于热带和亚热带地区的海岸带及河口环境。这些生态系统为大量生物，包括一些重要的近海渔业物种提供了栖息地、庇护所和食物。红树林、海草及近海渔业之间的相互作用常常作为保护和可持续利用红树林的理由。

在过去 50 年中，全球约 30% 的红树林已经消失。据估计，在过去 30 年中，30% 的海草也已经消失 (Alongi, 2002)。这种情况大部分发生在亚洲地区。红树林和海草资源的衰退引起了人们的关注，这是因为捕捞渔业生产被认为构成了市场产品的主要价值，并且是人们在未退化红树林进行自给性渔业的基础。

红树林和海草地区与渔业生产之间的关系是建立在人们将这些生境作为渔业物种繁殖区的基础上的。世界各地大量的研究表明，红树林和海草生境为鱼类和无脊椎动物提供了庇护环境，使它们躲避了掠食者，提供了丰富多样的食物来源并且截留了大量的浮游幼虫。

现在被广泛接受的是，这些红树林和海草生境影响幼鱼和甲壳类动物的生存和演替，并且其中某些物种对商业性渔业和自给性渔业十分重要。

这些物种（如贝类、螃蟹、虾及一些与红树林相关的鱼类物种）是人们从海草或红树林生态系统中直接开发利用的或者在幼体迁移至成年群体而远离海草或红树林生态系统的地方（如珊瑚礁或其他近海生境）进行开发利用的。研究认为红树林和海草为渔业物种提供了食物网。

尽管拥有某些类型的渔业生产与红树林及海草生境存在相关性这样强有力的推论证据，但是近期的文献综述（Manson et al.，2005；Blaber，2007，2009）表明，关于红树林和海草的变化对渔业的直接影响还没有得到明确证实。

已经出现的主要问题与红树林和海草生态系统中的幼鱼、甲壳类动物和成熟个体之间"缺失联系"有关。这些与渔业生产有关的生态系统与其他因素如丰度的自然变化、季节或年际变化，捕捞效应和目标幼虫或亲虾相比，哪个是更重要的呢？这一点，反过来提出了一个关于生境之间连通性作用的问题，该连通性在群落更新和如何最好地进行生境恢复方面潜在地影响着渔业生产。

本书阐述了红树林和海草生态系统与渔业生产力和多样性（沿海/近岸和离岸）之间的关系，以及该关系在更广泛背景下对渔业管理和生境保护的相对重要性。更具体地说，本书做了如下工作。

1）回顾了过去和现在涉及红树林和海草生态系统作用，以及对渔业至关重要的水生物种的丰富度（包括自给性渔业和商业性渔业）的相关文献。

2）记载了生境变化、移除、恢复对渔业和物种产生的影响，并将其与捕捞效应产生的相对影响进行对比。

3）客观地评估了与其他渔业管理措施相关的生境恢复所产生的影响（如什么样的恢复可能产生影响，以及哪些物种最有可能受到影响）。

4）提供了在渔业管理大框架下为获得红树林和海草生态系统积极影响的方法。

5）为亚洲和太平洋地区提供了渔业管理及红树林和海草生态系统管理的政策建议。

2

难 题 要 素

红树林和海草长期以来被认为是支撑沿海渔业的重要生境，通过提供庇护环境，保护鱼类和无脊椎动物免受掠食者捕食，物理结构复杂，可有效截留浮游幼虫（Chong et al.，1996），提供了丰富的食物来源。这些生境特征似乎尤其对幼虫和幼鱼，以及无脊椎动物特别重要，因此这些生境几乎被普遍视为"繁殖区"（Bell et al.，1984；Pollard，1984；Baran and Hambrey，1998；Manson et al.，2005；Faunce and Serafy，2006）。

本章罗列了需要回答的问题，以阐明红树林和海草生境是否对渔业发挥了作用。

2.1 繁殖区概念

在 20 世纪下半叶，研究者普遍认为河口生境通常比其他类型生境具有数量更多或密度更高的幼鱼和 / 或甲壳类动物及软体动物，因此河口被称为繁殖区。到 2011 年，繁殖区概念的使用变得更为广泛，以至于具有相当高的科学权威。随着时间的推移，繁殖区概念逐渐得到完善，被应用到河口地区，然后应用在种群甚至个体上（Beck et al.，2001）。

简单定义：繁殖区是指具有更高密度水平的幼虫和幼体的区域或生境。

一篇有关红树林和海草生境及其相关鱼类和甲壳动物的综述，包含75篇研究论文，其中38篇（>50%）是将红树林和/或海草生境作为繁殖区，基于幼鱼和/或甲壳类动物的存在的研究[*]。这表明当谈及渔业时，河口生境的繁殖区概念已成为一种嵌入式范例。

　　近年来，人们趋向于认为如果一个地区的幼鱼或无脊椎动物物种比其他不同生境的密度更高、更能躲避掠食者或增长速度更快，那么这个地区就称为繁殖区。大多数研究集中于用幼体密度代表它们对成年群体的贡献（Beck et al.，2001）。

　　文献中有大量关于"繁殖区"的定义，从简单到复杂。

　　这种简单化的方法已遭到学者质疑，并且Beck等（2001）已经提出了一种更为严格的"繁殖区"定义。这个定义指出，如果一个生境在单位面积内对某一物种的成年群体补充贡献均值大于其他生境，那么这个生境称为这一物种幼体的繁殖区。

中级定义：
繁殖区是指一个区域或生境在单位面积内幼体对成年群体的补充贡献均值大于其他区域。

　　这个定义也有其局限性，因为它只关注于区域之间的比较，并没有考虑补充来源随着时间有可能发生变化。特别是一个区域可以在一段时期内产生更多的新个体，而另一个生产量原本很少的区域可能在另一时间段产生很多的新个体。另外，该定义也没有考虑到许多物种在多个生境之间的潮汐/昼夜性取食活动，从而不受单个繁殖区限制。

　　之后，繁殖区的定义被进一步细化，包括幼体对成年群体的贡献，考虑到了特定生境类型的单位面积覆盖率，而不是总面积（Dahlgren et al.，2006）。

　　针对哪种生境类型是特定物种的繁殖区，中级和复杂这两种定义方法可能导致不同的结论。更重要的是，它们是静态测定的方法（拍照），不能测定随时间的改变。

　　当定义生境时，尺度的影响是很重要的（Sheaves et al.，2006）。研究者可能将繁殖生境视为单一结构性生境（即沙地、海草或红树林）、单个地域单元（即礁

---

[*] 38篇文献中有23篇是有关红树林作为繁殖区的研究，4篇是有关海草作为繁殖区的研究，6篇是有关红树林和海草共同作为繁殖区的研究，5篇是有关红树林和海草作为繁殖区价值的实验研究。

石或河口）或横跨不同尺度的结构单元集合体。

通过特定物种的自然史可以确定任何一种生境的尺度或生境的集合（例如，波纹唇鱼 *Cheilinus undulatus* 从海草迁移到珊瑚礁区域；而虹彩鹦嘴鱼 *Scarus guacamaia* 在其生命周期内从红树林迁移到珊瑚礁区域）(Sheaves et al.，2006；Layman et al.，2006；Dorenbosch et al.，2006)。

评估幼体对某个生境的贡献（即繁殖区价值），最有效的方法似乎是使用标签、自然标记或人工标记直接测量从幼年栖息地到成年群体的个体迁移 (Gillanders et al.，2003；Dahlgren et al.，2006)。

不幸的是，这种类型的研究并不常见，且可用的数据有限 (Sheridan and Hays，2003)。因此，因红树林和海草提供了相当丰富的幼体而被简单地视为繁殖区。

我们很难评估使用特定偏好栖息地的个体的产量和输出，因为这个产量是基于丰度、生长率和存活率的 (Faunce and Layman，2009)。丰度、生长率、存活率和输出这 4 个因素中的任何一个都难以被测量，并且多数情况下也不可能同时测量 4 个因素。

因此，缺乏相关信息来定量说明红树林和海草在次级生产力中的作用 (Sheridan and Hays，2003)，尤其是难以定量分析红树林和海草对鱼类多样性及生产力的影响 (Beck et al. 2001；Dahlgren et al.，2006)。这个困难致使一部分研究人员得出如下结论 (Sheridan and Hays，2003)。

"除非收集到这些数据，不然仍然无法明确判断红树林是过渡性鱼类和十足类动物的严格繁殖区"。

科学家为量化生境的一般繁殖区价值的研究数量远超过直接研究特定物种生活史的数量。此例证 (Serafy and Araújo，2007) 来自第一届国际研讨会《红树林作为鱼类栖息地》一文中，该文发表在《海洋科学通报》上。在该国际研讨会的近 60 个摘要中，20 个考虑到红树林的繁殖 / 营养功能；30 个涉及其他方面的主题，如管理、新技术和生境恢复；7 个涉及特定物种生活史（所有加勒比海地区物种）。

生活史研究对于阐明不同物种与不同栖息地和生境之间的不同关系是必不可少的。除非充分了解物种间特

复杂定义：繁殖区是指一个区域或生境，平均而言，幼体在单位面积和总体上对成年群体的补充贡献均值比其他区域大 (Dahlgren et al.，2006)。

"评估某个生境的繁殖区价值，最有效的方法就是使用标签、自然标记或人工标记直接测量从幼年栖息地到成年群体的个体迁移"。

定关系（严重依赖红树林或海草作为繁殖区域；兼性使用红树林或海草作为繁殖区；偶然性使用红树林或海草作为摄食区），否则无法评估物种数量。

2.2 "单一生境"法

另一个难点是，直到现在大多数研究仍依靠"单一生境"法来试图识别繁殖区（Meynecke et al.，2007a），即单一结构生境类型或与其他单一生境类型进行比较（例如，研究和 / 或比较红树林、海草、滩涂和河岸，就像它们是统一的栖息地或生境一样）。

研究者在其研究里包括了不同的因素，使得比较研究的难度提高了。例如，不是所有的海草床都是等同的，滩涂地在其沉积特征方面也显著不同，并非所有的红树林都提供相同的物质和服务功能（Ewel et al.，1998）。

为了提供一些一致性和可比性，本书应用这些不同生境的一些定义（见下文）。应注意的是这些定义可能与实际研究中使用的定义不同（在实际提供了这些研究的情况下）。

2.3 挑　　战

尽管红树林和海草生境与渔业物种之间存在推论出的紧密联系，但是关于这些生境变化导致相关渔业生产变化的定量证据仍难以获得。

为了准确地评价关于这些生境与渔业生产之间的关系的普遍观点，并且有助于提高渔业生产水平，必须解决如下问题。

1）红树林和海草作为直接捕捞或间接渔业生产的渔业生境，其重要程度如何？

2）红树林和海草环境作为渔业生境，其贡献价值如何？

3）红树林和海草在哪些方面吸引和 / 或保持鱼类和无脊椎动物的幼体数量？

4）红树林和海草地区的范围和质量变化是否与渔业产量（生产）存在定量或定性的关系？

5）如果第四个问题的回答是肯定的，那么红树林和海草生境的质量与其范围或面积相比，哪个对渔业生产而言更重要？

6）是否有可能区分诸如自然和季节变化、捕捞努力量变化及过度捕捞引起的渔业生产变化，这些不是由红树林和海草生境范围和／或质量的变化所引起的？

7）哪些营养资源是可用的或来源于红树林和海草？

8）哪些措施可以扩大现有渔业生境？

9）有什么证据表明生境数量的增加将导致渔业生产（或生物多样性）的增加？

10）存在哪些信息差？

为了解决上述这些问题，作者综述了近期文献，并且考虑了实地专家小组的意见（见致谢部分）。

3

红树林作为结构性
渔业生境

3.1　红树林生境

　　定义"红树林生境"的构成是一个挑战，因为被水浸淹的林地如溪流、泥滩、盐滩或分布着矮小、稀疏树木的部分林地，具有多样性和变异性特征。红树林生境的陆地边界也是不确定的，特别是在红树林转变成另一个森林系统的地方如低地雨林，那里的变化可能是渐进的且几乎不可察觉的。本书的红树林生境定义如下。

　　红树林生境是指受周期性潮水浸淹的密集或稀疏的森林，以及与植被区相连的潮沟和沟岸。这不包括与植被区、红树林地分离或红树林地已被清理/砍伐的泥滩或沙滩。

3.2　红树林生境的渔业价值

　　红树林系统包括其中的潮沟，为构成全世界渔业基础的鱼类和甲壳类物种提供了栖息地（Saenger

et al.，1983；Hamilton and Snedaker，1984；Matthes and Kapetsky，1988）。例如，菲律宾红树林沟渠的全年渔获量（Pinto，1987）为 1.3~8.8kg/h，且鱼类生物总捕获量与沉积物碳含量和红树林凋落物呈正相关。对印度东南部三个不同红树林地区长达两年的研究（Kathiresan and Rajendran，2002）报道指出，茂盛的红树林每天每公顷贝类捕获量为 11kg，有鳍鱼捕获量为 4.5kg，这些渔获量远远超过同一地区稀疏的红树林。

不仅鱼类，甲壳类动物及贝类也常在红树林内和周边被捕获。几种对虾在它们的幼年阶段依赖于红树林作为庇护所（MacNae，1974；Vance et al.，1990，1996；Primavera，1998；Kenyon et al.，2004；Meagher et al.，2005），如印度对虾 *Penaeus indicus*、墨吉对虾 *P. merguiensis*、斑节对虾 *P. monodon*、*P. subtilis*、*P. brasiliensis* 及新对虾属 *Metapenaeus* 的大多数种类。

采集软体动物如牡蛎（囊牡蛎 *Saccostrea* spp.）和粗饰蚶 *Anadara* spp.，在许多红树林地区是重要的生产活动。

定置网渔业是指将红树林的枝条放在红树林生境及其周边的浅水区中，这种方法已经被应用到许多红树林地区，但同样的方法在不同地区略微有差异（Saenger，2002）。这些小型人工红树林灌丛在一定程度上通过提供可利用的食物（有机体吸附在植物体上），以及灌木丛提供的保护和庇护吸引着鱼群。当聚集在定置网的鱼群数量足够多时，定置网将会被围网封闭起来，然后将鱼捕获。其他设计如在南非使用的定置网捕获器，是将鱼群诱导至容易捕获的捕获器中。各种不同形式的定置网在孟加拉国、贝宁、巴西、中国、厄瓜多尔、马达加斯加、墨西哥、巴布亚新几内亚、南非和斯里兰卡非常出名。

东半球（东方群系）红树林地区之间鱼群密度的比较普遍支持这样的观点，即红树林生境具有繁殖区的功能，但不同地区的红树林生境，其繁殖区价值往往差异很大（Daniel and Robertson，1990）。即使如此，关于红树林作为鱼类和无脊椎动物的繁殖区的重要性仍存在争议，一些作者（Sheridan and Hays，2003；Manson et al.，2005；Nagelkerken et al.，2008）得出的结论如下。

虽然有关动物迁徙的红树林和近海生境之间的联系的相关证据仍然缺乏，但对红树林管理和保护十分必要。

"虽然有关动物迁徙的红树林和近海生境之间的联系的相关证据仍然缺乏，但对红树林管理和保护十分必要"。

尽管现在大量的研究（Nagelkerken et al.，2000；Hindell and Jenkins，2004；Dorenbosch et al.，2004，2006；Verweij et al.，2006；Mumby and Hastings，2008；Nagelkerken，2009）已经证明，毗邻红树林会影响鱼类和无脊椎动物的聚集，尤其是幼年群体，但是不同地点的鱼群密度有很大差异，至少在相邻生境条件下。此外，还得出如下研究结论。

1）研究报道了幼鱼密度高的地方，包括肯尼亚加济湾（Crona and Rönnböck，2007）、美国佛罗里达州（Thayer et al.，1987）、澳大利亚昆士兰州（Robertson and Duke，1990a；Vance et al.，1996）和菲律宾吕宋岛地区（Rönnböck et al.，1999）。

2）研究报道了位于肯尼亚加济湾（Huxham et al.，2004）、澳大利亚昆士兰州（Halliday and Young，1996）、厄瓜多尔帕尔马尔（Shervette et al.，2007）及日本西表岛（Nanjo et al.，2011）的红树林中幼鱼密度较低。

3）一项研究表明，位于澳大利亚温带红树林中的鱼群与处于500m外泥滩的鱼群不同（Payne and Gillanders，2009），红树林和泥滩之间的总丰度和物种丰度差异显著。重要的是红树林并没有影响一个生境尺度下鱼群的分布。

必须强调的是，红树林鱼群的构成是由多因素组合决定的（Blaber，2007），包括该生境结构的多样性、水文特征（潮差、水流速度、浊度和盐度）及其邻近海域的特性。由于这些区域特定因素及它们相对重要性的差异，任何一个红树林系统中的鱼群通常是独一无二的。

3.3　支撑红树林生境价值的因素

红树林是幼鱼和幼虾的重要栖息地（Lugendo et al.，2007a）。红树林具有不同属性，包括利用其结构特征或浑浊度来躲避捕食者、相当丰富的有机碎屑和其他食物来源，普遍隐蔽的、浅水且渗透的有利条件（Blaber et al.，1989；Sasekumar et al.，1992；Ruiz et al.，1993；Blaber，1997；Primavera，1997；Ley et al.，1999；Laegdsgaard and Johnson，2001；Verweij et al.，2006；Rypel et al.，2007）。红树林根系也是无数附生植物群和动物群的重要栖息地，为邻近栖息地的鱼类提供了临时觅食区（Thayer et al.，1987）。

红树林河口的什么特征支撑着红树林潮沟的生境价值，特别是对于鱼类和甲壳类动物的幼体？

通常利用幼小鱼群和／或它们的天敌模型，间接推断出生境不同因素的相对重要性（Beck et al.，2001；Manson et al.，2005）。例如，红树林植被结构如盘根错杂的地上根系的掩蔽效果，使得幼小鱼群的密度较高或红树林生境中食肉动物的密度低于无植被的生境（Blaber，2000）；直立的呼吸根系中的鱼群密度高于垂落的支柱根系，但鱼群密度与根表面积无关（Rönnböck et al.，1999）。

然而，这种鱼群密度的差异并不是直接由红树林植被结构的掩蔽效应导致的，因为这些差异可能是源于栖息地偏好的其他方面。例如，一些研究发现，在红树林河口地区复杂的植被微环境中，小鱼密度并不总是偏高的（Smith and Hindell，2005；Payne and Gillanders，2009）；不同鱼类的栖息地偏好也相差其远，一些鱼类主要偏好结构复杂的栖息地，这表明红树林植被结构的掩蔽功能可能在不同鱼类之间存在很大差别。

栖息地偏好与躲避天敌和充足的食物来源相关。

近年来，各种不同的实验方法进一步阐明了对于幼鱼和甲壳类动物来说，支撑红树林生境价值的最重要的特征。

基质提供生物膜和附生基质作为食物来源。

在昆士兰东南部莫顿湾的一项实验研究中（Laegdsgaard and Johnson，2001），研究人员测试了影响红树林生境对幼鱼吸引力的三个相对重要的因素（结构、躲避天敌及食物）。通过在野外和实验室内使用人工红树林的根系结构，发现该结构如果独立于其他因素如结构与食物之间的关联，那么它自身并不总是具有吸引力。当根系结构复杂时，鱼群数量只是略有增长。但是随着藻类富集在人造根系结构上，其吸引幼鱼的数量是无吸附物的结构或者无结构的4倍。在该研究中，鱼的肠道内容物与红树林呼吸根上附生藻类中的无脊椎动物相匹配。

需要注意的是，尽管鱼群数量在各处理组之间无显著差异，但是其群落结构差异显著，这表明不同品种的鱼类其栖息地选择不同。其中 5 种鱼在腐朽的木桩区较为丰富，这表明它们在寻找食物，而其他品种均被吸引至木桩区，不论木桩是否腐朽，这表明它们是在寻求避难所。

在捕食测试中，当加入天敌后，原先避开庇护所的 5 种幼鱼开始积极寻求庇护所。因此，捕食压力影响了幼鱼的栖息地选择。然而，当把天敌放入有大鱼存在的水槽中时，它们并没有寻求庇护所，这是因为它们显然不容易受到攻击。

天敌的存在增加了把红树林作为庇护所的选择性。

在野外研究中（Laegdsgaard and Johnson，2001）发现，虽然海草的庇护作用与红树林相似，但红树林中幼鱼的物种丰富度和丰度更高，这表明它们在红树林中更容易获得食物。较大的鱼在泥滩上的摄食率更高，泥滩是这些较大的鱼首选的栖息地。研究得出的结论是当幼鱼进入河口时，其栖息地选择是由捕食风险和食物供给所驱动的。偏好红树林栖息地是因为红树林提供了比海草更多的食物和同等的保护作用。

虾也是这种情况，根系结构往往降低了鱼对虾的捕食压力（Macia et al.，2003）。

在库拉索的另一项全面的研究中（Verweij et al.，2006），研究人员通过开展野外试验来阐明哪些因素使得红树林和海草成为吸引幼小礁鱼的生境。该试验采用人工海草叶片和人工红树林根系来提供结构、庇护所和食物。该研究得出的结论如下。

红树林、海草生境夜间和白天的功能是存在差异的。

1）昼夜活动的草食动物和底栖动物主要受食物吸引。

2）夜间活跃的底栖动物和鱼食性动物受结构所吸引，因为该结构能为其提供一些躲避捕食者的保护作用。

3）尽管在白天摄食群体和种类之间的各种因素的重要性不同，但是结构、食物和庇护所这三个因素为红树林和海草床对幼小礁鱼的吸引力做出了显著贡献。

在日本西表岛，研究人员通过使用圈养技术比较了三种幼鱼在红树林根系区和无植被沙滩区的相对捕食率（Nanjo et al.，2011）。

两种被捕食的鱼类虽然有着不同的行为模式，但是它们都生活在复杂的红树林根系区和无植被沙滩区。值得注意的是，红树林根系区庇护的鱼食性鱼类数量显著较多，这表明在这些地区潜在的被捕食风险不一定较低，在另一项研究中也发现同样如此。

这就引起了人们对一些基本概念的质疑，即结构越复杂的小生境其捕食死亡率越低。然而，研究红树林根系区的特属种弓线天竺鲷 *Apogon amboinensis* 的结果显示，红树林根系区的死亡率显著低于无植被沙滩区。得出的结论如下。

"在有大量捕食者的区域，弓线天竺鲷的死亡率却较低，可能是由于它们的反捕食策略与红树林结构的复杂性联系在一起，当受到捕食者干扰时便躲避在红树林根系后面。红树林根系结构之间的其他两种飞鱼有相似的死亡率，可能是由于其反捕食策略不依赖于红树林植被结构，而是依靠快速飞行跳跃及神秘的身体变色（Hammerschlag et al.，2010）。"

在加勒比海地区，采用人工红树林单元（AMU）测试了红树林支柱根系作为鱼类栖息地，水深和遮蔽性水域对其吸引力的影响（Nagelkerken and Faunce，2008）。虽然 AMU 的鱼群密度与天然红树林有所不同，但是这个研究仍然有效地洞察了鱼类利用红树林的决定因素，然而（作者建议）人们如果将这些发现广泛应用在所有红树林生态系统中还应该谨慎。

因红树林支柱根系位于相对较浅的港湾水体中，便假设其是一个吸引鱼类的生境，就 AMU 模拟真实红树林根系而言，这个假设是不成立的：因为位于水深处的 AMU 吸引着更多数量和种类的鱼群。

同样，因其遮蔽性的水域条件，便假设红树林是一个吸引鱼类的生境，这个假设也是不成立的，因为将 AMU 放置在具较少掩蔽的地方如珊瑚礁上，仍然吸引了同样的甚至更多数量和种类的鱼群。

然而，当把 AMU 从港湾中移除时，那些在幼年时期利用红树林的物种便会彻底衰退：只有那些在红树林区孵育的种类与红树林的复杂结构联系紧密。水体深度和庇护环境对密度或群落没有显著影响。

随后在加勒比海地区红树林的研究中，Nagelkerken

所有鱼类都利用水中的结构来避难，但只有依赖于红树林的那些品种如幼鱼才需要红树林结构的存在来维持它们的种群。

等（2010）使用了不同根系构型（包括根长、垂直根系和根系三维结构）的 AMU 来研究不同鱼类群落的变量（丰度、物种数和群落结构）。根长和根系三维结构对鱼类群落没有影响。但是，垂直根系对鱼类群落有显著影响，直立根柱的 AMU 比悬挂根柱的 AMU 拥有的总鱼类资源量和种类数量更多。鱼类对管（根）结构的利用有所差异，底层鱼类主要占据直立根柱，上层鱼类则占据悬挂根柱。

生境结构影响红树林的底栖动物群落。Kon 等（2010）在泰国董里府的操作性实验表明，红树林结构的复杂性（特别是林冠树荫和根系结构）增加了红树林底表动物而不是底内动物丰度。这种增加作用是由遮阴和光衰减效应引起的，从而导致了研究人员模拟未受干扰的红树林植被条件。通过 18 个月的观察，研究人员发现在遮阴及遮阴加上根系结构处理的条件下，底表动物的物种丰富度和丰度有所增加。然而，根系结构处理和遮阴处理没有显著影响底内动物的变量。

生境结构和遮阴作用使得底表动物丰度（在沉积物表面和结构中）增加，但底内动物（沉积物内）丰度不会增加。

在肯尼亚 8 年林龄的人工红树林研究中得到了相似的结论（Crona et al., 2006），随着呼吸根上藻类植物群的恢复，底表动物随着遮阴作用的增强而增加。

红树林的盐度及与之关联的沟渠的重要性很少被准确地评估。塞内加尔的塞恩 - 萨卢姆河口从 20 世纪 70 年代开始便遭受干旱，因而随着上游盐度的增加，该河口已成为一个"颠倒的河口"，盐度达到 100‰ 的最高水平。Vidy（2000）通过开展一项为期三年的有关幼鱼种群的研究，来确定河口是否仍发挥着重要鱼类繁殖区的作用。该研究还分析了河口的形成过程（特别是淡水混合）和红树林在繁殖区功能上的相对重要性。基于塞恩 - 萨卢姆河口的调查结果，研究得出的结论如下。

盐度变化在红树林地区可能是一个未被确认的重要的影响因素。

"良好的河口条件能够独立发挥其良好的繁殖区功能，但单独的红树林是不行的"（Vidy，2000）。

当没有足够的淡水注入时，红树林河口发挥的繁殖区作用就比较小。根本原因就是一些鱼类和虾类在其卵期和幼虫期既不能耐受高盐度，也不能通过渗透压或离子键进行调节；它们必须生活在具最适盐度的水域，依赖于河口的半咸水来使得它们的卵和幼虫得以生存。依赖于较高盐度的其他物种则可能会在雨季离开红树林（Lugendo et al., 2007b）。

总之，这些研究清晰地表明，红树林生境为幼鱼提供了食物来源、躲避天敌的庇护所，以及光照和遮阴的物理条件，因此是重要的幼鱼栖息地。然而，在做出这个综合性结论的同时，必须明确不同种类的鱼和虾之间的许多响应是不同的。对于特殊种，鱼类群落或丰度由环境属性如盐度、水温和氧含量的波动值和绝对值决定，而不是由红树林结构决定。

3.4 截留幼体

相关证据表明，红树林的水动力结构增强了对幼虫的拦截，尤其是对虾的糠虾期幼虫（Chong et al., 1996）。该证据表明风对于幼虫的向岸移动并不重要，幼虫主要凭借具有较强跨岸能量的潮流。幼虫被冲刷到红树林潮沟中，在高潮时它们被侧面拦截并富集，这样的截留过程在大潮期间尤为显著。上述研究结论是，如果红树林被除去，那么"不仅河道会淤塞……而且高达50%的对虾幼虫（从产卵场）可能被平流输送到南部的巴生海峡，并且此后这些幼虫的损失率可能会加倍。这将会显著降低对虾渔业的价值"（Chong et al., 1996）。

红树林具有截留沿海岸线分布的对虾幼虫的功能。

4

海草作为结构性渔业生境

4.1 定义和限制

全世界海草床大约由 60 种海洋被子植物组成，分布在整个热带和温带海洋的浅海水域。所有海草都具有埋在沙子或泥里的匍匐茎，在其直立枝上生长出带状叶片，其长度范围从小于 1mm 到 0.5m 及以上。因此，海草床可能是密集的且结构复杂的（如海菖蒲 *Enhalus acoroides*、锯齿叶水丝草 *Cymodocea surrulate*、针叶藻 *Syringodium isoetifolium*、泰来藻 *Thalassia hemprichii* 和全楔草 *Thalassodendron ciliatum*）或者可能是由稀疏的和 / 或矮小的品种如二药藻 *Halodule uninervis*、喜盐草 *Halophila ovalis* 和大叶藻 *Zostera capricorni* 构成。本书中海草生境被定义为包含密集或稀疏的、复杂或短小的草类植物，东半球物种被视为等同于印度－太平洋地区物种。

评估海草的繁殖区功能不仅应该包括动物数量，也应该包括对生存、营养和减少被捕食的影响。

与红树林一样，海草床的"繁殖区功能"概念基于众多的研究报道，即海草床地区的幼年动物特别是鱼类和虾 / 对虾的密度比相邻无植被覆盖的地区高。繁殖区的初始概念是指整个河口地区都是繁殖区，只是后来进一步完善为将河口地区中的特定生境（或群落生境）作

18

为繁殖区。Heck 等（2003）主张繁殖区的概念不局限于
幼体数量，更全面的理解还应该综合考虑如下几点。

1）成活率较高，可能由于天敌较少。

2）由于具备充足的食物资源，比生长速率较高。

3）这些因素构成的综合影响有可能会使得更多的
幼体到达成年阶段。

4.2　海草场／床的渔业价值

海草场为幼鱼和小鱼及幼虾躲避大型食肉动物提
供了保护，并且可以使营养物质再循环、固定沉积物、
生产和输出碎屑物（Kneib，1987；Heck et al.，1997，
2003；Heck and Orth，2006）。

分化的叶和茎，以及附生藻类增加了生境的复杂性，
因此出现了不同类型的物种（Ooi et al.，2011）。海草床内
的无脊椎动物和鱼类的种类丰度值通常远远超过相邻无植
被覆盖的地区（Ferrell and Bell，1991；Connolly，1994；
Haywood et al.，1995；Lee et al.，2001）。

一项海草研究的元分析（Heck et al.，2003）发现，
在海草床中幼小鱼类和甲壳类动物的丰度、生长率和存
活率比在非海草床生境里更高，但并不显著高于其他结
构化生境如牡蛎礁或大型藻床。元分析的结论是，决定
海草床生境价值的重要因素是结构本身而不是一些海草
的固有属性。

海草区域内的底栖无脊椎动物的多样性、丰度和／
或种类的生物量，比无植被区域的更高（Bloomfield and
Gillanders，2005），尽管 van Houte-Howes 等（2004）发现
这些参数的差异也存在于密集海草床和稀疏海草床之间。

在佛罗里达州亚热带地区，红树林中的大型无脊椎
动物种群比海草或无植被区更高（Sheridan，1997）；在
新西兰的温带海草床中，大型无脊椎动物的密度和物种
丰富度比相邻生境更高，包括那些红树林和无植被的沙
坪（Alfaro，2006）。

海草床底层富集的营养物质来自诸多方面（Larkum
et al.，1989；Stapel et al.，1996）。①海草用它们的根系
结构结合沉积物；②海草叶片的阻碍作用加速了细小颗

决定海草床生境价值的
重要因素似乎是结构而
不是一些海草的固有
属性。

粒物的沉积；③海草通过增强细颗粒沉积物的积累，对养分循环起到了重要作用；④海草积累的养分（特别是有机形态）水平比幼苗定植的裸露砂质沉积物高出许多；⑤在叶片脱落前，海草有办法从叶片上有效地去除营养物；⑥海草具有功能性根系，能够从水体和沉积物中吸收养分。

除了积累和循环养分，海草也有助于养分输出。大量海草种子和叶片在海草区域散布，有证据表明，一些从叶片中滤出的营养物质由附生藻类和硅藻吸收。由于海草被摄食，尤其是被鱼类和端足目摄食，造成的影响是系统养分的净损失。然而，来自海草区域附生植物和动物碎屑物的输入，加上减少的那部分位于海草中并结合养分的细颗粒沉积物，可能远远补偿了这些表观营养损失。在莫桑比克伊尼亚卡岛的研究表明，来自海草凋落物的营养输入超过了同一位置的红树林凋落物（de Boer，2000）。

商业和休闲渔业物种与海草床是相关的，其中包括一些虾类 [对虾 *Penaeus esculentus*、短沟对虾 *P. semisulcatus*、宽沟对虾 *P. latisulcatus*、刀额新对虾 *Metapenaeus ensis*、新对虾属（*M. endeavori* 和 *M. bennettae*）] 及许多种鱼类（MacNae，1974；Pollard，1984；Bell and Pollard，1989；Macdonald，1991；Coles et al.，1993；Connolly，1994；Loneragan et al.，1998；Nagelkerken et al.，2001；Heck et al.，2003）。

此外，海草床是印度洋濑鱼和波纹唇鱼 *Cheilinus undulatus* 的重要繁殖区，其成鱼生活在珊瑚礁区（Dorenbosch et al.，2006），海草床也是游龙虾和岩虾幼虾 [加勒比海地区的眼斑龙虾 *Panulirus argus*（Acosta and Butler，1997）、澳大利亚北部的锦绣龙虾 *Panulirus ornatus*（Dennis et al.，1997）] 的重要繁殖区。

4.3　支撑海草生境价值的因素

如上所述，海草床以高度可变的结构复杂性为特征，包括多变的海草高度、密度和生物量（Ooi et al.，2011）。这种复杂性通常被认为是影响海草生境内动物丰富度的主要因素，因为它为动物提供了躲避天敌的庇护所，通过沉积物的束缚和阻碍作用，减弱了强烈的水体运动，提供了多样化的微生境，并且提供了多种食物资源。

Horinouchi（2007）在关于"斑块结构的复杂性"的综述中总结出，保护海草内动物免受捕食是海草生境的重要优点之一。然而，物种之间对海草复杂性的响应有很大差别，这将在第 11 章进一步讨论。

5

红树林在近岸食物网中的重要性

5.1 Florida 模型

加勒比海地区的早期研究表明，红树林为基于碎屑的食物网提供了主要碳源，因此它们代表了这类系统里能量流动的主要途径（Golley et al.，1962；Heald，1971；Odum，1971；Odum and Heald，1972，1975a，1975b；Twilley，1995）。

早期模型认为，太阳能和潮汐动力是红树林产生和输出养分的主要因素。凋落物的内部生物过程和养分循环并没有被考虑，甚至被认为是微不足道的。这种建模方法已成为众所周知的 Florida 模型（Lee，1999）。

该模型是基于这样的假设，即植食性在养分循环中是一个次要因素。一个早期案例估计佛罗里达州的红树林叶片被植食动物摄食的面积只占总叶面积的 5.1%（叶面积基础上 0~18% 的范围）（Heald，1969）。随后 Saenger（2002）的研究工作表明，尽管有相当大的地域和种间差异，在红树林里仍然有相当多的植食性过程，这可能在个体和种群水平上发挥着显著作用。同样发现

Florida 模型是一个重要的（即使有缺陷）早期范例，但其过分强调红树林物质的输出，且低估了内部循环过程如植食性、泥炭形成和原位再生及分解。

22

红树林里原位沉积的泥炭形成过程包含大量的碳汇过程（Ong，1993）。

5.2　除 Florida 模型以外的研究

到 20 世纪 90 年代初，关于有机质产生及归宿的 Florida 模型提供了红树林营养研究的理论框架。

基于凋落物的生产量与高潮后森林地面上的残留量之间的差异，通过质量平衡的方法估计了澳大利亚东北部（Boto and Bunt，1981）和马来西亚（Gong and Ong，1990）红树林系统的凋落物输出。根据 Florida 模型，任何缺失的生物量都被假定被潮汐流带走了。

澳大利亚东北部和马来西亚的红树林凋落物动力学研究给上述 Florida 模型假定带来了挑战，并通过使用稳定同位素分析代替传统的肠道内容物分析，确定了红树林生态系统中能量流动的真实途径（Lee，1999）。使用稳定同位素的研究表明，对于早期使用质量平衡计算的结果必须谨慎解释，因为对于海洋和红树林来源的颗粒有机碳（POC），不能仅凭质量平衡区分。

同一红树林系统随后的研究表明，系统中的生物过程导致了相当一部分的生物量损失（Boto，1982；Boto et al.，1989；Robertson et al.，1991）。有些损失的生物量通过相手蟹进行再处理，这种蟹可以清除混合红树林中产生的约 28% 的凋落物（Robertson，1986）。

类似的结果在东南亚（Lee，1989）、非洲东南部（Micheli et al.，1991；Emmerson and McGwynne，1992；Steinke et al.，1993）和其他澳大利亚红树林（Micheli，1993a，1993b；Imgraben and Dittmann，2008）中相继被报道。最近在厄瓜多尔的研究也表明，螃蟹消耗了大量的红树林凋落物，甚至在潮差大的新热带地区中也同样如此（Twilley et al.，1997）。

内部循环过程，如相手蟹取食叶片，促进红树林生境功能的发挥和提高生物多样性并且支撑红树林生物多样性的恢复。

5.3　内 部 循 环

端足目动物在红树林凋落物再生过程中起到了相当重要的作用。一项研究表明，大量（高达 7000 个 /m²）

的端足目动物夏威夷明钩虾在澳大利亚东北部的红树林中生存（Poovachiranon et al.，1986）。使用粪便产生量作为检测摄食率的指标，结果表明这类端足目动物能够消耗大量分解中的红海榄叶片，最大粪便产生量为1700mg/g 干重，这取决于适宜的盐度和食物来源。摄食率在盐度为 15‰~35‰ 时无显著差异，但是在极端盐度下即 10‰ 和 40‰ 时显著降低。

红树林中的生物再处理过程可以提高有机物质量，特别是通过相手蟹的作用（Nielson and Richards，1989；Lee，1999，2008；Kristensen et al.，2008）。相手蟹的粪便颗粒含有细小分散的红树原料。相手蟹的粪便也含有较低浓度的驱避剂化学品如单宁，并且很容易被微生物定植，从而在红树林底栖生物和浮游生物如桡足类等消费者之间构成了粪食性食物链的基础（Lee，1999；Kristensen et al.，2008）。

草食动物在红树林中分布广泛，取食叶凋落物，消耗红树林地面初级生产量，虽然只占年净地面初级生产量的 2%~3.5%。

当综合考虑螃蟹和端足目动物的活动时，显然相当多的红树林初级生产量被保留在内部的草食性途径中，而不是被输出到 Florida 模型显示的外部碎屑食物途径中。因此，至少在区域基础上，红树林内的生物再处理过程可能比红树林系统中叶片物质的输出过程更重要（Lee，1999）。

当考虑到红树林内的生物再处理时，有机物输出在一些系统中占比还是相当大的，但仍然远少于总产量。

根据 Florida 模型，主要的能量途径被认为是从红树林叶片碎屑到细菌和真菌，然后到腐食者，反过来，再通过食肉动物被消耗掉。这个途径是通过分析肠道内容物来推断的，在佛罗里达州的河口红树林系统中，所有食草动物和杂食动物的消化道内容物中 20% 以上包含了红树林碎屑。然而，碎屑物的摄入不一定意味着物质的任何直接同化作用（能量传递）。

最初稳定碳同位素比值（$\delta^{13}C$）被用来研究同化作用，但是后来的研究还采用了稳定氮（$\delta^{15}N$）和 / 或硫（$\delta^{34}S$）同位素比值。由于红树林 ^{13}C 被耗尽（因为 ^{12}C

相当多的红树林初级生产量被保留在内部的草食性和粪食性途径中，而不是输出到外部的碎屑食物途径中。

在光合作用中被优先固定），$^{13}C/^{12}C$ 值在红树林和生物取食中变成了负数，并且红树林有机物被同化。这个结论是基于各种不同的研究得出的。例如，在马来西亚近岸和近海的海洋消费者肠道中发现了红树林碎屑，但没有同位素证据显示红树林同化作用是来自近海海洋消费者（Rodelli et al.，1984）。在一项类似的研究中，近岸幼虾表现出有限的红树林碳同化作用（Loneragan et al.，1997）。另一项研究（使用两种同位素）表明，波多黎各的红树林外缘、内陆潟湖中的招潮蟹 *Uca vocator* 从沉积物中吸收不同的物质（France，1998）。底栖微藻优先吸收红树林碎屑，表明其肠道中的红树林碎屑并不是能量传递的证据。对中国台湾省的三种招潮蟹（凹指招潮蟹 *Uca borealis*、网纹招潮蟹 *U. arcuata* 和清白招潮蟹 *U. lactea*）和几种多毛类的研究（Hsieh et al.，2002）同样表明，虽然在它们的研究区域中红树林是碳的最大来源，但是作为消费者的同化来源来说，红树林碳不如颗粒有机物、底栖微藻及湿地白茅 *Imperata cylindrica* 重要。其他相手蟹也不依赖于红树林有机物作为其营养需求（Lee，2005）。

一些与红树林密切关联的对虾，一直被认为取食红树林碎屑物。然而，对波多黎各的一个红树林外缘潟湖中的红对虾 *Penaeus notialis*、*P. subtilis* 及 *P. brasiliensis* 的研究发现，它们的食物中只有不到 25% 的碎屑物，其中大部分由多毛类和端足类小头虫组成（Stoner and Zimmerman，1988）。

研究人员通过使用三种同位素比值（$\delta^{13}C$、$\delta^{15}N$ 和 $\delta^{34}S$），研究了澳大利亚北部对虾吸收的来自红树林、海草和大型藻类／浮游植物的碳含量，特别是那些与红树林生境普遍联系的种类，如墨吉对虾 *Penaeus merguiensis*。虽然虾的碳源多少取决于它们在河口内的位置，但是研究得出的结论是红树林对虾食物网的直接贡献是微不足道的（Loneragan et al.，1997）。

一项关于印度东南海岸三个不同红树林区域幼虾的分布、密度和物种组成的研究发现，红树林水域中虾的密度比近海水域中的要高（Rajendran and Kathiresan，2004）。采用落叶量测量器中腐烂的红树林叶片作为幼

红树林碳产量丰富，但对消费者来说，不是重要的营养来源，不如颗粒有机物、底栖微藻和非红树林湿地植物重要。

虾的吸引物（诱饵），结果发现测量器周围捕获的幼虾大约是对照组的三倍。

此外，研究还发现幼虾捕获量在分解 30~40 天之后逐渐增加，达到一个最大峰值。增加的捕获量正好与微生物的生物量积累一致，包括腐烂叶片表面上固氮菌的显著增加，并且得出的结论是增加的氮元素为幼虾提供了更高的营养价值。

早先的研究利用相关性分析，表明对虾现存量（生产量）与潮间带植被（Turner，1977）、红树林面积（Martosubroto and Naamin，1977；Loneragan et al.，2005）或红树林海岸线长度相关（Staples et al.，1985）。

此后，研究收集的大量数据表明鱼虾捕获量可能与潮间带植被尤其是红树林相关。在菲律宾虾的捕捞量研究中发现了它们的相关性（Paw and Chua，1989），并且来自全世界 38 个地区的虾捕捞量的综述中也表明了它们的极显著相关性（Pauly and Ingles，1986）。一些有关鳍鱼捕捞量的案例中也表明它们有着类似的相关关系（Blaber et al.，1989；Chong et al.，1990；Paw and Chua，1989；de Graaf and Xuan，1998）。

尽管已证实一些物种和红树林之间有着统计学显著相关性，但是由红树林碎屑物直接补给的假设（这是 Florida 模型的中心原则）仍然无法令人信服，红树林的结构化生境所发挥的作用似乎越来越显著。然而，研究人员对于阐明渔业产量与红树林地区关联性的相关研究的准确性提出越来越多的质疑（Robertson and Blaber，1992；Blaber，2009）。

Lee（2004）使用主成分分析重新评估了虾产量和红树林数据（其中克服了许多在相关分析中的固有自相关的统计学问题），表明与虾产量最密切相关的是潮汐振幅。

反过来，这一发现表明虾捕捞量受潮间带的影响，而不仅仅是受红树林区域的影响。

此外，虾捕获量与相关的红树林面积之间没有显著相关性。稳定同位素研究证实了这一观点，并表明在远离海岸的地方，红树林物质作为虾食物的比例下降了，而浮游植物和微型藻类成为虾的主要食物。

澳大利亚东北部一个红树林湾的研究表明，基于

虾的渔获量和一些鱼类物种似乎与红树林潮间带有关；然而，更多的是与红树林结构有关而不是取食红树林碎屑。

相对于红树林覆盖面积，潮间带的范围似乎是影响虾产量更重要的因素。

不同营养水平上的 $\delta^{13}C^*$ 值确定了鱼类的 5 个主要营养途径：一个基于红树林和微型底栖植物；一个基于浮游生物；两个基于微型底栖植物和海草；还有一个主要基于海草，由浅海底栖无脊椎动物介导（Abrantes and Sheaves，2009）。矮小的喜盐草 *Halophila ovalis* 与红树林相比，对海草同化作用的依赖性更多，这有力地支持了在热带系统中动物取食海草更加明显这一观点（Vonk et al.，2008）。

似乎可以明确的是红树林原位降解和再循环量是相当大的，红树林的物质输出是高度可变的，无论是大碎屑物（叶片和木材）还是细小碎屑物（颗粒有机物或溶解性有机碳）（Robertson and Daniel，1989；Lee，1995；Mfiling et al.，2005；Rezende et al.，2007）。这尤其依赖于河口和红树林近岸环境的水动力（Wolanski et al.，1992；Stieglitz and Ridd，2001）。在河口，较大的碎屑物趋向于往上游移动（Stieglitz and Ridd，2001），而固定的海岸边界层水流会减小从红树林到近海地区的输出范围（Wolanski et al.，1992）。

> 碎屑颗粒物或溶解性有机物的输出在不同系统中差异很大，而这种输出仅限于红树林潮沟的沿海地区。

Bouillon 等（2008）关于运用稳定同位素比值的综述中强调了稳定同位素测定方法上存在的一些问题，尤其是未能将河口浮游植物的 ^{13}C 消耗考虑在内。这篇综述的结论是，几乎没有证据表明红树林碳源对动物群落有极大的贡献，无论是在红树林潮沟或是附近水域。这表明，未来研究需要采集所有必要的组分包括河口浮游植物，并采用互补的化学示踪剂如木质素衍生酚，完善这些测定方法。

5.4 红树林输出：水动力和生物输出

多数有关强潮区红树林群落的研究表明，红树林发挥着有机碳和营养物质净输出的作用，但是所涉及的输出量在空间和时间上差异极大（Lee，1995；Simpson et al.，1997；Dittmar and Lara，2001；Rezende et al.，

---

* $\delta^{13}C$ 值是稳定同位素 $^{13}C/^{12}C$ 值的量度

2007; Kristensen et al., 2008)。

然而, 也有报道称红树林是有机碳和营养物质的净输入源, 储存了大量的凋落物用于原位分解, 主要是由于其有限的水淹条件 (Twilley et al., 1986; Flores-Verdugo et al., 1987; Lee, 1990; Alongi et al., 1998; Ayukai et al., 1998)。

在巴西北部布拉干萨的一个红树林系统研究中, Dittmar 和 Lara (2001) 调查了红树林沿岸输出营养物质和有机物的驱动力。结论是潮差和孔隙水浓度是沿岸营养输出的主要驱动力。表明 (在平衡通量的基础上) 输出大概只来自红树林, 那里孔隙水的养分浓度超过了底栖生物群落和树木的需求。这个现象是由快速的泥沙淤积或高固氮率导致的。重要的是, 输出仅发生在强潮区, 那里孔隙水能够大量流入潮沟和海洋 (Dittmar and Lara, 2001)。

潮差和强潮区是红树林沿岸营养输出的主要驱动力, 在这些地区孔隙水能够大量流入潮沟和海洋。

输出到红树林潮沟和近岸地区的有机质和养分的归趋在很大程度上还是未知的 (Alongi, 1998; Kristensen et al., 2008)。

红树林潮沟和近岸地区被认为是一些种类的幼鱼 (Thayer et al., 1987; Robertson and Duke, 1987, 1990a, 1990b; Laegdsgaard and Johnson, 1995; Kimani et al., 1996; Halliday and Young, 1996; Ley et al., 1999)、龙虾 (Acosta and Butler, 1997; Dennis et al., 1997) 和对虾 (Staples, 1980a, 1980b; Vance et al., 1990; Primavera, 1998; de Graaf and Xuan, 1998; Adnan et al., 2002) 的繁殖区。但是, 这个功能在很大程度上依赖于其物理生境条件, 包括极其复杂的结构特征, 能提供掩护的、浑浊的和具多层庇护所的根系及呼吸根。很少有证据表明红树林树叶或碎屑物对红树林潮沟和近岸地区的繁殖区有直接营养补给 (Loneragan et al., 1997)。

目前不能排除有间接性营养补给的作用。例如, 马来西亚雪兰莪州的一项研究 (Sasekumar et al., 1992) 表明红树林入口和潮沟是 119 种鱼类和 9 种对虾的栖息地。在入口处采集的大多数鱼类和所有虾类都是幼体。本研究得出的结论如下。

"红树林通过提供栖息地和食物来支撑渔业"；红树林中幼虾的存在可能是由于三个主要因素：躲避天敌、大量丰富的食物及浊度，以及幼虾可能无法直接从红树林碎屑物中获得营养（Stoner and Zimmerman，1988），显然大量的红树林碳正通过次级来源被吸收（Sasekumar et al.，1992）。

最近的研究表明，红树林碳可能被食相手蟹的鱼类同化或者通过桡足类动物对蟹粪便的利用进行同化（Sheaves，2000），这些相手蟹则直接取食红树林叶片（Lee，1997；Werry and Lee，2005）。

虽然红树林生物输出的概念经常被推断，但是该概念还未被严格评估（Saenger，1994）。它包括随个体发育的迁移（如澳洲肺鱼、尖吻鲈 Lates calcarifer），幼体以红树林为生以增加生物量，然后作为成体输出到河口产卵。

成体被季风降雨冲刷出红树林潮沟也可能导致生物输出〔如香蕉虾、墨吉对虾 Penaeus merguiensis（Staples and Vance，1986；Staples，1991；Vance et al.，1998）或通过方蟹科螃蟹和梭子蟹的幼虫输出〕。

尽管 Nakamura 等（2008）通过使用稳定同位素分析提供了从红树林到附近珊瑚礁的鱼类输出的直接证据，但是到目前为止还没有全面的、定量的有关红树林任何区域输出的生物量估算。

与水动力输出和系统内再循环相比，仍然难以评估生物输出的作用。但这些数据是迫切需要的。

虽然幼虾可能无法从红树林碎屑中直接获得营养，但是大量红树林碳可能通过次级来源被吸收，包括红树林物质再处理（如蟹粪便），以及附生植物或相关生物（如海藻及端足目动物）。

红树林的生物输出（生活资料中的营养）没有被严格评估，与水动力输出和再循环相比其重要性仍然未知。

6

海草在近岸食物网中的重要性

与裸沙和滩涂生境相比，海草床拥有独特的鱼类群落和普遍较高的鱼类密度及较多的种类（Ferrell and Bell，1991）。

在温带和暖温带海域中，海草是数量有限的生物的直接食物来源，如等足目动物、海胆、鲍鱼和某些鱼类（岩鳕科 Odacidae、单棘鲀科 Monacanthidae、鲀科 Tetraodontidae、舵鱼科 Girellidae、隆头鱼科 Labridae、鹦鹉鱼 parrot fish、刺尾鱼 surgeonfish、革鲀 leatherjackets 和长嘴硬鳞鱼 garfish）。在热带地区海草被绿海龟和儒艮啃食，在浅水区水鸟以大叶藻类为食。

但总体而言，摄食量大概占总产量的不到 5%，尽管一些研究（Heck and Valentine，2006）表明鱼类摄食损失的比例更大，Unsworth 等（2007b）估计鹦哥鱼 *Scarid parrotfishes* 平均消耗了泰来藻 *Thalassia hemprichii* 和海菖蒲 *Enhalus acoroides* 日增长量的 4 倍。

附生藻类物质可能是一种比海草本身更重要的营养源。

稳定同位素研究更多关注碳同化，除了少数人以外，普遍认为摄食海草虽然有限，但导致了直接同化作用。随后研究人员使用稳定同位素的调查研究揭示了

30

海草的同化作用是很小的，而附生藻类的同化作用更大（Yamamuro，1999；Lepoint et al.，2000；Moncreiff and Sullivan，2001；Smit et al.，2005，2006）。

热带海草的营养作用与温带海草相比可能存在显著差异（Vonk et al.，2008）。热带海草似乎比温带海草具有更高的产叶量和更新速率、更低的纤维含量和更高的碳水化合物浓度（Dawes and Lawrence，1980；Klumpp et al.，1989）。这增加了热带海草的适口性和营养价值，使其发挥更加显著的营养作用。在印度尼西亚苏拉威西岛的研究中，通过使用稳定同位素人们发现大量动物物种依赖于海草，包括甲壳类动物、海参和草食性鱼类。这些物种的 $\delta^{13}C$ 值与海草相似，表明它们吸收的物质主要（>50%）来自海草。

海草可直接被食草动物或杂食动物吸收，或通过碎屑被腐食者吸收，或间接捕食腐食者。因此，在热带海草场中，小型甲壳类吸收海草固定的碳转化成自身的组织，从而作为鱼类食物的重要组成部分（Lugendo et al.，2006；Unsworth et al.，2007a；Vonk et al.，2008）。

在热带地区直接摄食海草比在温带地区贡献的营养物质更多。

海草也可以为碎屑食物链提供原料。最初，从叶片伤口或碎叶中浸出的溶解性有机碳进入水体。之后通过湍流机械分解剩余叶片或反复被摄取，从而形成颗粒有机碳（POC）。一些 POC 被滤食动物去除。最后 POC 被细菌和真菌分解，吸引了嗜菌微生物和其他腐食者。这些微生物成为较大动物的捕食对象。

7

河口生境连通性

河口环境具有周期性的咸淡水潮间带特征，红树林和海草及其特点可以视为河口的特例（Baran and Hambrey，1998）。

这些河口环境一般都具有高生产力，是形成食物网的基础，其中浮游动物、糠虾为虾苗及幼鱼提供了丰富多样的营养来源。高的初级生产力主要是红树林和海草碎屑，还包括红树林根际的底栖蓝藻、硅藻、微藻、端足目动物、桡足类和附生藻类，这反过来孕育了极其丰富的浮游动物，以及微型、小型和大型底栖动物（Baran and Hambrey，1998；Alongi，2009）。

7.1 生境多样性和连通性的重要性

应当注意的是，红树林和海草提供的渔业价值存在差异（Lee，2012）。例如，海草主要生长在较为澄清的潮下带水域，并且其丰度通常具有季节性，海草对幼鱼存活率的潜在贡献明显与红树林不同，大部分红树林是具有一致的结构复杂性的浑浊环境。

这些差异是互补的，并有可能提高这些群落生境连

通性的重要性。越来越多的证据证明了不同河口镶嵌的
重要作用，即不同生境如红树林、海草、珊瑚礁、滩涂
和沙坪及岩礁毗邻。

这些生境的连通性显著增强了其生态价值或功能价值（Fortes，1988；Yáñez-Arancibia et al.，1993；Hemminga et al.，1994；Sheaves and Molony，2001）。例如，有研究表明：邻近红树林的热带海草床中的两种对虾比距离红树林更远的海草床中的更丰富（Skilleter et al.，2005）；靠近红树林的海草床比远离红树林的海草床拥有更多的鱼类种类和数量（Jelbart et al.，2007）；并且更多的鱼类品种利用与红树林相邻的连续海草床，而不是与红树林相邻的不完整海草或无植被覆盖的泥滩。

此外，在加勒比海地区，有红树林的海湾海草床中物种丰富度和鱼类丰度均显著高于没有红树林的海湾（Nagelkerken et al.，2000，2001；Cocheret de la Morinière et al.，2002；Dorenbosch et al.，2004），但与波多黎各的近海和远海珊瑚礁相比，红树林和海草床中的物种丰富度和鱼类丰度都较低（Aguilar-Perera et al.，2008）。

在中国海南岛，研究发现尽管有植被覆盖的红树林区域鱼类丰度、生物量和物种丰富度均低于无树木的滩涂和潮沟，但是红树林区、无树木的滩涂和潮沟的连接处对于幼鱼和小鱼来说是一个非常有吸引力的栖息地（Wang et al.，2009）。

7.2　红树林和海草对珊瑚礁　相关物种的重要性

加勒比海地区的研究表明，海草和红树林形成了重要的鱼类繁殖区，一些种类的成鱼仅生活在珊瑚礁区域（Cocheret de la Morinière et al.，2002；Mumby et al.，2004；Dorenbosch et al.，2006；Adams et al.，2006）。相反，在印度－西太平洋地区发现红树林是少数珊瑚礁鱼类的重要栖息地（Quinn and Kojis，1985；Thollot and Kulbicki，1989；Blaber and Milton，1990；Nakamura et al.，2008）。

在印度洋，许多与珊瑚礁伴生的鱼类幼体在红树林

中密度较高，并在个体发育过程中从浅海迁徙到深海栖息地（Kimirei et al.，2011）。结果发现，个体发育过程中不同地点的个体生境变化并不一致，得出的结论是，研究人员只能通过在不同空间和时间尺度上准确记录每种鱼类在栖息地使用上的空间、季节和年际变化的研究中获得进一步的认识。实际上，幼鱼栖息地的变化表明幼鱼在不同栖息地迁移是非常灵活的，并且幼鱼对栖息地的适应力很强。

已知个体发育过程中的栖息地迁移存在于红树林和海草，以及其他河口生境之间的一些鱼类和甲壳类动物中（Cocheret de la Morinière et al.，2002）。似乎这些动物的嗅觉也起到重要作用（Arvedlund and Kavanagh，2009）。例如，蓝蟹 Callinectes sapidus 的大眼幼体，通过使用特定的生境气味来定位有海草床的繁殖区（Forward et al.，2003），幼虫和幼鱼能够通过分辨水流作为到繁殖区的化学路标，如天竺鲷科（Atema et al.，2002；Gerlach et al.，2007）鱼类、法国石鲈、法国呼噜声鱼 Haemulon flavolineatum（Huijbers et al.，2008，2012）和星斑裸颊鲷 Lethrinus nebulosus（Arvedlund and Takemura，2006）。

考虑幼鱼从生境的变化中可以获得最大利益，可以看到河口镶嵌的重要性（Laegdsgaard and Johnson，2001），小鱼到达河口时为后期幼体，支配幼体选择栖息地和／或栖息地中的不同存活率的最主要压力是捕食风险和食物的可获得性，二者与生境物理结构的性质有关。

红树林提供了中等尺度的结构，在那里幼鱼捕食的无脊椎动物饵料最理想，并且被天敌食肉动物捕食的风险降低了。河口内的其他生境如海草床，虽然有同等避免捕食的庇护作用，但幼鱼觅食成功率减少了，因此，海草床不太适合后期幼鱼生活。随着个体大小的增加，幼鱼在红树林的觅食成功率减少了，于是便迁移到滩涂生境（大概是因为红树林的复杂结构限制了它们的觅食），它们面对捕食者变得不那么脆弱，可以在更开阔的泥滩上安全地觅食（甚至在珊瑚礁或岩礁区域）。

Meynecke 等（2007a，2007b，2008）使用了一种新方法，调查了昆士兰地区 21 种商业捕捞鱼类和甲壳类动物的总渔获量、单位捕捞努力量渔获量 (CPUE) 和生境之间的联系。该研究着眼于与河口生境不同特性有关的捕捞数据，如尺寸和结构连接性。该研究量化了映射底栖生境类型的模型（包括红树林、盐沼和浅滩，也包括海草床）。

虽然作者承认这个研究存在某些固有的局限性，但是研究结果有力地表明，滨海湿地连通性对近海渔业很重要。红树林、盐沼和浅滩的连通性指数解释了渔获量数据中 30%~70% 的方差，强调了连接滩涂湿地作为渔业生境的重要性 (Meynecke et al., 2008)。鱼类显然利用了许多栖息地或生境，整体渔获量和 CPUE 依赖于整个河口镶嵌而不是任何单一的生境，并且迄今为止，"在大尺度分析中泥滩和沙滩的重要性被大大低估了"(Meynecke et al., 2007)。

在考虑海洋保护区和/或保护区的规模及设计时，生境镶嵌的重要性的逻辑推论，以及相邻生境的连通性和互补性对于物种丰富度和渔业产量很重要。

在理想情况下，为了获得渔业的最大利益，研究表明海洋保护区不仅应该包括红树林和海草，还应该包括相邻的滩涂、沙滩和礁区。这些向海延伸的地区应根据具体情况而定。

滩涂湿地生境的连通性对近岸渔业很重要，红树林、盐沼和浅滩的连通性指数解释了渔获量数据 30%~70% 的方差。

在大尺度分析中，泥滩和沙滩的重要性被大大低估了。

8

红树林和海草消失：
原因及程度

2005 年全球红树林的覆盖面积约为 $15.2 \times 10^6 hm^2$（FAO，2007；Spalding et al.，2010），红树林净损失的年增长率从 20 世纪八九十年代（Spalding et al.，1997；Blasco et al.，2001；FAO，2007）的约 1% 减少至 2000~2005 年的约 0.7%（FAO，2007）。这一损失的主要原因似乎是"来自人类对海岸带生态系统的压力"（FAO，2007），那里的水产养殖、农业、基础建设和旅游业的土地资源竞争往往很激烈。

自然灾害如飓风、暴雨、洪水和海啸对红树林的损失贡献较小。然而，由红树林构成的沿海绿化缓冲区对茂密森林的整体保护功能贡献极大（Saenger，2011）。

红树林的消失改变了许多生态系统过程（Granek and Ruttenberg，2008），包括由于光照和温度的增加导致沉积物中有机物含量的减少，以及草食性鱼类对藻类消费水平的增加导致藻类生物量增加。同样，红树林的部分消失（如稀疏）也影响温度和光照条件，并与鱼群密度的降低显著相关（Scott et al.，2007）。

有关海草损失的数据并不可靠，尽管许多区域研究已经证明海草损失严重（Sheridan and Hays，2003；Gillanders，2006；Duarte，2009）。最近的海草损失估计是，它们每年在以 1%~1.5% 的速度消失，或自 1980 年以来全球约 30% 的海草消失了（Dennison，2009）。

有些损失是由人类重大活动导致的，如清淤、回淤或污染（包括营养富集），而其他的则由自然现象造成，如特大洪水、侵蚀或气旋扰动（Preen et al.，1995）。

1985 年 3 月，热带气旋"桑迪"越过卡奔塔利亚海湾的海岸线，严重破坏或摧毁了 151km^2（原本 183km^2）的海草床（Poiner et al.，1992），该海草床主要由茂盛的海菖蒲 *Enhalus acoroides* 组成，它支撑着拥有最大密度的对虾 *Penaeus esculentus* 幼体。海草的再生长很缓慢，并且取决于存储在沉积物中的海草种。

1987 年，研究人员首次发现了海草再定植，到 1988 年 20% 左右的海草床已经得到恢复，到 1990 年出现了有限的海草再定植。

对虾的捕捞日志数据显示，1980~1984 年年平均捕捞量约为 250t，但在 1985~1990 年受影响地区的捕捞量大约为 40t，而未受影响的地区为 200t（Poiner et al.，1992）。

虽然没有捕捞努力量的数据，但是拖网渔获量似乎支持这个普遍观点，认为海草床是支撑虾捕捞量的一个重要生境。海草床的损失也可能导致物种丰富度和丰度的降低，特别是对那些很少出现在其他生境的生物体（Bloomfield and Gillanders，2005）。

对虾与海草之间的关系似乎只是影响对虾捕捞量的因素之一，降水量对捕捞量也有很重要的影响。

在西澳大利亚州埃克斯茅斯湾同样发现了海草对对虾捕捞量的类似效应。在 1999 年海草几乎全部消失（Loneragan et al.，2004），棕色斑节对虾的捕捞量由 400t 下降至 80t，随后随着海草的恢复，其捕捞量也缓慢恢复了。

9

红树林和海草扩张：
原因及范围

9.1　通过修复来扩张红树林生境

虽然有一些因沉积作用使红树林自然增长的例子（如在孟加拉湾），但是近期红树林区域的增加大部分是通过红树林的自主修复（Field，1996；Walters et al.，2008）。

其结果是，尽管全球红树林逐渐消失，但是近年来红树林和海草生境的重植工作已经使得选定区域的这些生境得到扩展，如孟加拉国（Saenger and Siddiqi，1993）、越南（Hong，1996）和肯尼亚（Crona and Rönnböck，2007）。

红树林人为修复引起了以下两个主要问题（Bosire et al.，2008）：①哪些衡量标准应该用来评估这些项目的成功；②如何衡量修复 / 人造红树林的生态功能。

9.2　再生红树林生境的生态系统功能

任何红树林自主修复的目标都是恢复近似其被干扰前的生态功能（如自然再生和自我维护）。尽管许多项目的修复在 3~5 年后往往能够完成，但是测定这种功能是困难的且费时的，并且很少有再生项目研究能够达到自然红树林系统所展示的全方位生态功能。

一项关于新西兰两种不同年龄白骨壤人工林中的动物、植物和沉积特性的研究（Morrisey et al.，2003）表明，老林（>60 年）和幼林（3~12 年）在环境特性和底栖动物基础上表现出明显的区别。动物类群的数目一般在林龄越小的地方越多，并且桡足类、寡毛类、小头虫的个体数在这些地方也更多。

随着这些人工红树林的成熟，动物类群多样性主要从底栖生物转变为附生动物，如昆虫和蜘蛛。动物类群的差异与沉积物的性质差异一致；在老林中，沉积物更密实并且含有较多的有机质和凋落物。有趣的是，幼林中的红树林比林龄大的人工林吸收的氮和磷更多，大概是因为幼林的根际竞争较小。总的来说，这项研究得出的结论是不同林龄的人工林具有显著不同的功能特性，在规划和管理中应该将其考虑在内。

一篇关于澳大利亚东部海岸红树林修复项目的综述（Latif，1996），调查了 1~18 年林龄的再植地区植物的存活率、自然再生及植物的基本健康状况。对于 8 年生人工林（7hm^2 位于新南威尔士州东北部海岸巴利纳），其他详细的研究主要关于在种植区和对照区高潮位时渔具的使用、鱼类食物供应，以及短期（标准层）和长期（连续地形调查）的代谢速率。4 年期间，在所有研究方面种植区与对照区的结果相当。

根据预计，与土壤过程有关的生态系统功能可能需要稍长的时间才能达到与未受干扰前自然红树林相当的水平。然而，应该指出如下两点。

1) 红树林固氮提供了一种有效测量被破坏并修复的红树林生态系统中生态系统功能状况的标准（Vovides et al.，2010）。

2) 在泰国废弃的虾塘中，土壤有机碳含量是检测再生红树林功能的有效指标（Matsui et al.，2010）。

在佛罗里达州西南部相同自然地理环境下，McKee 和 Faulkner（2000）比较了重植红树林与天然红树林的结构发展和生物地球化学功能，将红树林分别再植于 1982

在红树林修复中，3~5 年后许多自然红树林系统所展现的生态功能的恢复将相对得以完成。

年和 1990 年的两个站点，与相邻 50~60 年未受干扰的天然红树林进行了比较。尽管最初种植的是大红树林 *Rhizophora mangle*，但是两个重植站点也同样自然生长了拉关木 *Laguncularia racemosa* 和亮叶白骨壤 *Avicennia germinans*。再植森林是茂密的但不成熟，具有较小的胸径断面积，林分高，并且与对照森林相比具有更高的林木密度。当再植人工林生长到 6~13 年林龄时，虽然在结构上它们仍处于先锋阶段，但存在一些生物地球化学差异。其他研究所得到的一些有趣的结果如下所列。

1) 美国 Lewis（1992）的 4 个研究的综述表明，3~5 年，鱼类种群可以恢复到与对照区域类似的物种组成和密度。

2) 在佛罗里达州（Vose and Bell，1994），一旦恢复潮流，红树林港湾中的鱼类和底栖生物资源在两年内也将得到恢复。

3) 同样，鱼类多样性随着再植红树林林龄增加而迅速增加（Barimo and Serafy，2003）。

4) 在肯尼亚（Crona and Rönnböck，2007），很难区分天然红树林和 8 年生人工林的鱼群密度和鱼类平均生物量，并且在加济湾重植红树林中，有相当多商业重要品种的幼鱼（20 个最丰富鱼类中的 15 个），表明人工红树林作为游泳动物繁殖区的功能已经得到恢复。

5) 一项关于泰国拉廊府周围不同林龄的再植红树林区域中的甲壳类动物和底表软体动物的研究指出（Macintosh et al.，2002），4~7 年林龄的人工林与老龄红树林相比，种类、丰度、生物量、群落结构无显著差异。然而，据报道，开采锡矿后的林龄为 10 年的人工林区域，其修复迹象不好，这大概是因为剧烈的沉积物动荡将淤泥剥离，只留下砂砾及实质上改变了的水文条件。

如第 7 章所述，由于河口镶嵌对物种丰富度和渔业产量的重要性，应考虑非红树林河口生境重建是可行的。例如，用疏浚弃土来重建人工浅滩或滩涂。

9.3 修复后的海草生境的生态系统功能

与红树林一样，海草修复的主要目标是使其生态功能恢复到类似于扰动前的状态。关于再植海草床的研究相对较少（McLaughlin et al.，1983；Fonseca et al.，1990），因为成功的例子相对较少。大多数对海草床功能的研究是通过比较自然海草区域和受干扰/退化的海草区域，受干扰/退化的海草区域在重建适宜的条件后能自然定植。在这些情况下，海草床在2~5年会再定植并恢复（Poiner et al.，1992；Brown-Peterson et al.，1993；Preen et al.，1995；Campbell and McKenzie，2004）。这些研究表明：自然的和移植达4年的海草床在鱼类群落组成上无显著差异；在冬季，长达31年的再生海草床的物种丰富度较低；恢复的海草床在几年内可能充当鱼类的栖息地，为幼鱼和成鱼提供适宜的栖息地。

海草的恢复可能需要2~5年，生境功能在数年内也能恢复。

41

10

加强现有生境的其他方式

10.1　保持红树林的功能

有研究表明（Kapetsky，1985），当红树林面积减少时，红树林还能保存、维持相当大比例的功能（如 75% 的繁殖区功能可能被保留在 50% 的原始区域内）。然而很少有关于红树林生境剩余区域功能的研究。

红树林前缘变稀疏及内陆红树林被砍伐导致了鱼群密度的极显著降低（Scott et al.，2007）。这似乎与以下观点矛盾，即面积减少不会导致鱼类功能的损失。但是，Scott 等（2007）的研究是在加勒比海被称为"与块礁相连的海洋红树林"中进行的，也未必比得上印度 – 西太平洋地区的河口型红树林。

红树林边缘较深水域保留的功能比内陆、较浅水域、潮间带的红树林更多（Vance et al.，1996）。因此，可能多数红树林的损失局限于内陆边缘，而红树林边缘较深的区域功能仍然完好，"大部分功能性价值得以保留"（Blaber，2007）。

> 红树林的损失局限于内陆边缘，而较深的边缘地区能够保留其大部分功能价值。

10.2　渔业保护区 / 禁渔区的最大渔业效益

在过去 10 年，采用禁区、禁渔区或保护区作为保护一些鱼群资源的另一种方法，或者通过允许迁徙到邻近区域来恢复鱼类资源。在菲律宾苏密岛（Russ，1985），禁捕保护区使得浮游幼虫从保护区以外的居住区域输出，并且使得从因捕捞死亡率增大导致种群减少的区域迁徙而来的成鱼溢出。

在埃及阿卡巴海湾（Galal et al.，2002），禁捕保护区覆盖了红树林和珊瑚礁，导致保护区内的龙占鱼科和鲬科丰度在 5 年内增加了，并且相邻捕捞区域的每单位捕捞努力量的平均渔获量同期增长了约 2/3。

虽然这项研究并没有区分邻近繁殖区的效应和保护区禁止捕捞的效应，但是其他研究（Nagelkerken et al.，2012）发现，对于幼鱼的生物量，邻近繁殖区的效应远远超过了禁止捕捞的效应，并且大型鱼的生物量在禁渔区和邻近捕鱼区都有所增加。

基于这些研究，并如先前所述（见第 7 章），受保护区域或禁捕保护区最好应包括河口镶嵌处或沿海生境，以最大限度地提高渔业效益。这是一个应重点考虑的问题，因为在许多情况下，海洋保护区只专注于单一生境（红树林、海草或珊瑚礁），并没有包括邻近地区，这将限制保护区渔业生产力和保护效益的提高。

理想情况下，保护区或禁捕保护区应包括河口镶嵌处或沿海生境，从而使得渔业效益最大化。

11

渔业生产与红树林和海草生境的范围变化之间是否存在关系？

红树林和海草床，以及许多鱼类和甲壳类动物的不同生命阶段之间存在明确关系。红树林和海草生态系统内，以及相关生境（如滩涂、沿海水域）之间存在复杂的相互作用。因此，难以明确阐明红树林和海草的范围与渔业生产之间的定量关系。

同样难以总结性地表明，红树林和海草地区面积的减少造成了那些在其生命周期的某个阶段（大多数通常为幼体）利用这些地区的种类减产（Blaber et al., 1989；Gilbert and Janssen，1997；Baran and Hambrey，1998；Manson et al.，2005；Blaber，2007，2009）。

正如第 5 章讨论过的，尽管许多研究试图展示这种关系，但是大部分靠的是统计推断，通常经相关性或回归分析得出结论（Turner，1977；Staples et al.，1985；Pauly and Ingles，1986；Paw and Chua，1989；Ley，2005）。这种方法的缺陷被一些可以识别因素自相关性的作者认为是一个重要限制（Robertson and Blaber，

1992；Lee，2004；Blaber，2007，2009)。

有关红树林和海草的繁殖区功能的研究，主要的趋势在于阐明它们与渔业生产之间的关系。这是因为需要在繁殖区中幼鱼与它们对成鱼群体（常栖息于相邻的生境中。参见第 2 章的讨论）的贡献之间建立联系。尽管 Verweij 等（2008）的研究成功地在黄尾鲷 *Ocyurus chrysurus* 的组织和耳石运用同位素分析，以阐明海草床和珊瑚礁之间的关系，但很难用直接方法建立这样的关系。

鉴于这些问题和局限性，对于红树林和海草的范围与渔业生产之间的关系我们还能说点什么呢？

越来越明确的是，人们广泛持有的普遍观点，即红树林和／或海草通过其作为繁殖区的作用来支撑渔业生产，似乎不太可能在所有情况下都适用。最新的研究证据是正常的生物变异性：一些物种依赖于这些生境，或依赖于生境提供的食物网；其他物种在其生命周期的不同阶段利用的红树林和／或海草生境或其他栖息地不同；有些物种灵活地利用它们的栖息地，并且不依赖红树林和／或海草生境存在。

上述的生物变异性是基于现场取样进行鱼类定量研究的难点（Payne and Gillanders，2009)，也是使用渔业生产统计进行比较研究的难点。

关于红树林和海草的繁殖区功能，以及它们支撑渔业生产的重要性的关注点和问题，许多研究人员（Lee，2004；Manson et al.，2005；Blaber，2007，2009；Nagelkerken et al.，2008）已经提及并且大致可归纳如下。

1) 大部分红树林分布在发展中国家，考虑那里的食物安全和当地生计往往比保护和管理更重要。

2) 由于捕捞压力可能造成影响，因此对于红树林面积减少和渔业生产之间的关系尚不清楚。尤其是红树林覆盖率下降的同时，捕捞努力量增加了。

3) 以同样的方式，在整个海草床拖网和推网的捕捞努力量的增加，容易掩盖渔业产量下降的主要原因。

4) 很难将渔业捕捞统计数据应用到特定的红树林区域。

5) 数据集差异较大，包括红树林区域，商业捕捞

人们广泛持有的普遍观点，即红树林和／或海草通过其作为繁殖区的作用来支撑渔业生产，似乎不太可能在所有情况下都适用。

量记录,捕捞压力和自然环境的变化如温度、降雨、洋流、盐度。

6) 没有关于红树林和海草的繁殖区功能与它们支撑渔业生产的重要性之间关系的简单概括。

7) 红树林鱼类多样性在从全球到地方层面的大尺度范围内变化。每个尺度都可以相互作用以决定任何一个系统中的物种组成。

8) 许多密切相关的鱼类物种可以有显著不同的生态需求。

9) 许多物种对红树林的依赖性可能被夸大了:与具有不同盐度的浅水、浑浊区的一次偶然联系,也可能影响鱼类分布格局。对于其他物种,其对红树林依赖性更强,但这些物种可能不具有重要渔业价值。

10) 从特定地点研究得出的结果表明,繁殖区功能不能一概而论并应用到不同地貌、气候或动物地理环境的大面积地区。

11) 虽然依靠相关和回归分析的研究表明红树林海草生境和渔业产量有统计上的显著性关系,但这些可能不是因果关系。这是因为所使用的变量通常密切相关。

12) 许多变量在区域水平上影响物种组成,并且越来越多的证据表明相邻生境之间连通性的重要性。

13) 红树林和海草生境的恢复是不可能使得渔业生产率恢复的,除非其他方面的影响得到解决,如捕鱼压力。

在测定生境对渔业生产的作用中,渔业捕捞数据不足,其中一种解决方法是进行渔业独立调查。问题(如上面提到的)在于许多由渔业部门协助收集的用于管理决策的渔业捕获数据集质量差异较大,并且验证其准确性可能非常困难。因此至少需要解决以下两个问题。

1) 数据集的部分置信水平可能存在不确定性。这是因为渔民很难准确地汇报渔获物种类、重量和捕获位置,或者因为渔民的位置偏远很难收集到数据。

2) 由于渔民不合作,汇报的渔获量存在系统性偏差。在这种情况下,偏差压倒性地导致低估了渔获量,如减少税收、非法出售渔获物、欺骗定额限制或对捕鱼地点和方法进行保密。然而，在少数情况下，偏差也可能高估了渔获量。例如，管理机构需要使用捕捞历史记录来分配捕捞权。

一些管理机构解决了渔民捕获记录不可靠的问题，他们坚持让观察员跟随每条渔船。这是一种昂贵的且有时甚至是不方便的选择，当潜在的捕捞量可能非常有价值时，这种方法使用得就更加频繁。

本书进行了广泛的文献检索，但没有相关的研究明显区分捕捞效应与生境损失。仅仅基于捕捞记录，几乎不可能区分由生境损失导致渔业生产的相对损失，以及因过度捕捞造成的鱼类资源枯竭从而导致的生产损失。这两个因素都导致了生产损失，但捕捞记录无法显示其根本原因。如上面所建议的，人们解决这一问题的可能途径是利用渔业独立调查。

渔业独立调查可以有效区分由捕捞压力引起的捕捞量变化和因环境或生境问题引起的捕捞量变化。例如，当采集海草或红树林样品时，如果调查收集所有依赖于这些生境的物种，即商业捕捞品种和非商业品种，两组的丰富度同步波动表明环境变量起到了显著的作用，只有当商业捕捞品种下降时才会表明捕捞压力可能起到了最重要的作用。当然，在计算商业捕捞量的下降时，海洋景观生态复杂性的简化原理为区分因过度捕捞和生境损失产生的影响提供了发展方向。

11.1 阐明这些要点的案例研究

Dorenbosch 等（2006）比较研究了西印度洋 4 个岛屿和南部加勒比海岛的海草床和红树林生境，以及其他浅水生境类型中两个濑鱼品种的幼鱼。这两个品种都可以达到很高的生物量，并且对渔业有很高的商业价值，尽管实际上它们都在保护物种红色名录中。

印度洋海岛濑鱼——波纹唇鱼 *Cheilinus undulatus* 的幼鱼主要在海草床中被发现，而成鱼只在珊瑚礁中有发现。此外，海草床的存在导致位于珊瑚礁中的成鱼密度显著较高。

生长阶段的不同及物种间的差异性限制了定义不同生境相对重要性的能力。

加勒比海的虹彩鹦嘴鱼 Scarus guacamaia 的幼鱼只生活在红树林中，而成鱼只生活在珊瑚礁中。研究没有发现其在珊瑚礁中的出现和距红树林的距离之间存在联系，得出的结论是红树林对整个海岛都很重要。

也有人认为，随着鱼的生长会出现因个体发育而改变栖息地，即从幼鱼（繁殖）生长到成鱼，栖息地发生变化。虽然一项研究在坦桑尼亚和大科摩罗岛 (Dorenbosch et al., 2005) 周围涉及多达 76 个物种，但是其结果不能归纳为红树林和海草发挥着珊瑚鱼群幼鱼栖息地的作用。此外，尚未建立幼鱼和成鱼数量的定量联系。

通过测定坦桑尼亚海域中与热带红树林／海草相关的 4 种珊瑚礁鱼类在个体发育过程中生境使用的时空差异性，阐明了在发育过程中，幼鱼的存在和繁殖区功能概括存在的缺陷 (Kimirei et al., 2011)。

该研究跨越 4 个季节和空间分离的（距离超过 40km）两个地区。研究对象有两个品种的裸颊鲷，以及一种笛鲷、一种蓝子鱼。这 4 个品种都是常见的并且在商业上很重要。

在整个研究中，4 种幼鱼在浅水生境中（红树林和海草床）的相对密度显著高于深水生境（泥滩和珊瑚礁）。

成鱼则是相反的模式。这一发现表明从幼鱼到成鱼，其个体发育的生境转变具有强大的普遍的方式（因此，也暗示着红树林／海草生境对支撑相邻生境的成年鱼群是必不可少的）。

尽管如此，幼体和成体对特定生境的利用方式在时间和空间上差异显著。

不同物种在幼年和成年的生境利用方面，表现出了季节、年份或不同地点的灵活性。有些物种在一个地点会转换，但在其他地点则不会。

虽然该项研究清楚地表明所有 4 个珊瑚礁鱼种都存在个体发育的生境转换；但是通过对数据的详细分析显示生境利用方式有着显著的空间、季节性或年际差异性。研究得出的结论是，在如此多样化的海洋景观中，概括鱼类不同生命阶段的栖息地使用是有难度的。

尽管该项研究关于栖息地灵活使用的调查结果很重

某些幼鱼在特定生境中出现，不总是认为这些生境对那个生命阶段是必要的，也可能有空间上和季节性上的变化。

48

要，但是其个体发育过程中栖息地利用的结果只是依据渔业产量推论出来的。这是因为该项研究并没有把幼鱼的存在与成鱼的生产水平进行定量联系，或者将生境类型的范围与个体发育中鱼群的大小进行定量联系。

这表明基于单位面积内鱼群密度的幼鱼栖息地 / 繁殖区的广义定义存在局限性，缺少了时间组分。

一篇关于斑块海草的结构复杂性对鱼类影响的综述 (Horinouchi，2007) 表明，不同的研究方法产生了不同的结果。

一般情况下，海草生境相比于无植被的裸露地层，供养着大量鱼类物种和个体，并为许多物种的幼体提供了繁殖区，包括商业重要物种。然而，一些研究报道称与海草相邻的裸露岩层同样维持着与海草相同的物种数量。

鱼类用不同的方式应对海草高度或密度或间隙的变化：有时丰富度下降，但有时增加，或者在其他情况下没有变化。

该综述的结论是研究人员需要对斑块大小的影响、边缘效应及尺度复杂性进行更多的研究。

海草生境损失到何种程度会导致渔业产量的下降是一个复杂的问题 (Heck et al.，2003；Gillanders，2006；Loneragan，2012)。从 Heck 等 (2003) 多个关于海草减少和渔业产量下降的研究中可以发现，具体的例子如下。

1) 在 20 世纪 30 年代欧洲和北美的大叶藻 *Zostera marina* 枯死导致草甸资源急剧下降，但渔业产量没有下降。大叶藻生境的侵蚀导致岩石基质暴露，被大型藻类附着并提供了一个可供选择的繁殖区。

2) 在 20 世纪 80 年代末期佛罗里达湾的龟裂泰来草 *Thalassia testudinum* 数量急剧减少，导致粉色虾、桃红对虾数量小幅度下降。尽管海草生境没有得到恢复，但是随着淡水输入的增加，粉色虾产量在 5 年后又增加了，似乎在 90 年代初虾产量的减少是淡水输入较少发挥了重要作用。

3) 据预计，随着切萨皮克湾大叶藻的大量损失，蓝蟹 *Callinectes sapidus* 的产量也将有所下降。然而这并没有发生。

退化的和未受干扰的生境的规模，以及与之相邻，可能会限制红树林和海草对鱼类影响的测定。

海草生境的损失可能不会导致渔业产量下降。

Thayer 等（1999）研究了佛罗里达湾海草减少的影响，通过采用相同的采样技术和采样站点，对比了 1984 年、1985 年，以及 1994~1996 年海峡和盆地生境的鱼类浮游生物组成和鱼类区系。结果如下：虽然海草密度下降高达 100%，但是与海草密度减少相关的幼鱼和成鱼的总密度并没有发生变化；并且鱼类区系的组成发生了转变，滤食性鱼类增加了，穴居或底栖鱼类下降了。

澳大利亚南部的一个案例（Macdonald，1991）研究了维多利亚吉普斯兰湖和韦斯特波特海湾海草的损失与收益和商业渔获量。

在韦斯特波特海湾，自 1914 年以来连续的渔获量数据是可用的。1970~1984 年海草大量损失，大约 180km² 的海草消失了，总生物量减少了约 85%。在同一时期，韦斯特波特海湾的商业鱼类渔获量下降了约 40%，从 20 世纪 60 年代末最高值的 260t/ 年下降到 80 年代中期的约 150t/ 年。

在吉普斯兰湖，大量海草损失发生在 20 世纪 10 年代末，在 60 年代早期这些生境陆续恢复。似乎一些种类的捕捞量下降了，并且随后又恢复了，这些种类的幼年阶段与海草生境相关。然而，与海草无关的种类没有受到影响。这个研究得出以下结论。

"同韦斯特波特海湾一样，在大量海草损失和恢复期间，与当地海草生境联系不紧密的吉普斯兰湖物种的捕获量没有大幅下降和随后增加（Macdonald，1991）。"

值得一提的是，数据显示捕捞量年际变化大，并且分析中没有将捕捞努力量变化考虑在内，因此没有进一步的数据或分析，这个结论仍然显得单薄无力。

在伯利兹和墨西哥与环礁相连的珊瑚礁中，Mumby 等（2004）调查了红树林 / 海草生境和渔业生产之间的关系，其中一些缺少红树林，也有一些红树林丰富。

成年珊瑚鱼栖息地与红树林相连的珊瑚礁区，几个重要商业物种的生物量超过无红树林相连区的两倍。结果发现，红树林对珊瑚鱼类的群落很重要，其作为中间繁殖区可能会提高幼鱼的存活率。

生境退化 / 改变必须结合捕捞效应（如捕捞努力量的变化）一起分析，以便阐明它们在渔业产量下降或恢复方面的相对意义。

在珊瑚环礁岛上，珊瑚鱼类的生物量与位于珊瑚礁后方的红树林有明显联系。

在该项研究中，缺乏红树林的环礁和红树林丰富的环礁中的珊瑚鱼类群落结构差异显著。红树林范围是珊瑚鱼类群落结构的主要影响因素。

一个重要的发现是，红树林的范围部分解释了珊瑚鱼类群落结构的模式，这些鱼类是专性珊瑚礁物种，在潟湖繁殖区找不到。这表明，红树林提供了其他鱼类或饵料，可以增加专性珊瑚物种的数量。

该项研究之所以很重要，是因为发现了这些模式的可能成因，使得红树林区笛鲷科鱼受捕捞压力影响的观点被否定了：笛鲷科鱼类在红树林丰富的地区生物量更大，尽管那里存在更高的捕捞压力。这一发现支持以下观点，即红树林丰富了珊瑚环礁岛的珊瑚鱼类群落。

该项研究推断，毗邻红树林的珊瑚礁中，具有重要商业价值的鱼类的生物量倍增将提高渔业产量，虽然没有直接数据表明这样的关系。

一篇支持红树林生境和渔业生产之间存在一些关系的研究报道，讨论了鱼类和红树林生态系统在时间和空间上如何耦合 (Lewis and Gilmore，2007)。

该研究描述了在佛罗里达州东部，红树林和湿地在20世纪50年代因为蚊虫控制措施如何被截流，然后多年后通过开沟重新连接潮汐环境，经截流，红树林生活周期很短的物种和食碎屑的杂食动物消失了。

通过修建沟渠重新将红树林生境和潮汐浸淹区域连接，使这些鱼种恢复到比截流前更多的数量。

有人认为，由于红树林区域幼年栖息地的消失，非商业重要饵料物种的损失，重要的商业和休闲品种即鲈、红鱼、斑点鳟和大海鲢数量受到了影响。这种生境的损失和常规水质恶化对商业重要物种群落产生的影响比捕捞压力更大。

作者引证了另一项研究发现："这项研究调查的鱼类中只有少数具有直接经济重要性……然而，有价值的……尖吻鲈渔业与红树林生境密切相关……我们的数据显示，尖吻鲈亚成体的饵料50%以上是由广泛分布于红树林生境的小鱼构成的"(Robertson and Duke，1990b)。

Robertson 等（1990b）研究指出，红树林生境对渔

红树林可能发挥着作为重要商业性渔业物种的猎物/饵料供给者的作用。

业生产的重要价值，包括其通过提供非重要经济小品种鱼类（和幼鱼），作为其他物种的饵料，来支撑重要的商业物种。通过对该论点的延伸，红树林也可以通过提供非商业无脊椎动物的生物量来间接支持渔业。

在河口鱼类群落的影响因素方面，其他研究工作提供了不同视角，这些观点削弱了对红树林重要性的重视。

在一项关于澳大利亚东部温带河口的研究中，Saintilan（2004）采用河口地貌变量的多因素分析来检测河口地貌和红树林、海草和中央泥滩范围之间的关系。该研究考虑到了每个生境类型多大的面积可以用来预测鱼类和甲壳类动物的商业产量。

有一些物种始终与红树林有联系，但是其他商业性物种与海草区和泥滩区的联系更加紧密。增加红树林覆盖率可能会以破坏这些生境为代价，并且会对一些目标物种产生负面影响。

使用每个河口渔获量和捕捞天数作为捕捞努力量的量度，该研究仅限于那些在某个阶段使用河口生境的物种。结果发现，海草和红树林地区没有显著相关性，但海草和红树林的范围与河口类型和成熟度有关。

渔获量主要的生物预测指标是海草和中央泥滩的范围。海草的范围与虾、蟹、鳕、鲥和长嘴硬鳞鱼的渔获量之间的关系已得到证实，并且这种关系基于这些物种（包括幼体）对海草的利用的生态学研究。

其他环境变量（红树林、盐沼）的重要性似乎较小，尽管一小群物种（如锯缘青蟹等）始终与红树林有关。

研究得出的结论是，河口屏障的填充与红树林区域的增加和海草地区及中央泥滩范围的减少有关。这些改变与鱼类和甲壳类动物的商业捕捞量变化直接相关，这些物种在幼体后期阶段利用这些生境。

在一项关于澳大利亚东部热带11个大河口的研究中，Ley（2005）调查了在物理作用力（河流、波浪、潮汐）下，河口鱼类群落模式的基本差异。

河口鱼类群落取决于一系列因素：大多数变化量是与水域水文条件（降水量、海拔）、河口结构、基质和红树林面积有关。

总体而言，鱼类群落的多数差异（43%）与流域水文条件（降水量、海拔）、河口的结构、基质和红树林面积有关。其他结果如下。①位于降水量较少、以潮汐占主导的生态系统，其具有较广阔的红树林面积、宽广的三角洲入口、泥滩及多样性丰富的鱼类。②位于降水量较充沛、以波浪占主导的河口，其河口较窄，红树林面积较少，沙质基质，并且拥有较简单的鱼类群落。③真正的河口相对贫乏。

研究得出的结论是，通常河口功能产生的物理化学和生物过程，决定了热带河口鱼类对生境的利用。

早在1974年一篇关于红树林和渔业的历史报告中，就强调了很难概括红树林生境对支撑渔业产量的重要性（MacNae，1974）。

这篇综述提到了虾对栖息地使用的变异性和灵活性。一些种类的对虾在它们幼年阶段依赖红树林作为庇护所（印度对虾 Penaeus indicus、墨吉对虾 P. merguiensis、斑节对虾 P. monodon 和大多数种类的新对虾属），在红树林消失后它们仍会待在回水区和潟湖里。

该综述指出，将一个特定物种对某个生境类型的依赖性进行分类，存在的问题是："一个可以自由回答的、不能令人满意的解决方案。在一个区域中，如莫桑比克或马达加斯加，某些品种的对虾和红树林之间的相关性不大，有的说法是'没有红树林：没有对虾'。在另一个区域如印度西海岸，尽管当地人铲除了红树林，但同一种对虾仍然存在"（MacNae，1974）。

通过调查印度－太平洋周围国家的虾捕捞上岸量（以每年数吨计算），以及红树林面积（以数平方千米计算）（但无捕捞努力量数据），研究了红树林面积和渔业生产之间的关系。用这些数据来计算每平方千米的产量，结果显示了一个非常大的范围：$1.34 \sim 10.66 t/km^2$。

如果没有捕捞努力量数据，就无法确定渔获量的差异是由红树林地区的差异造成的还是由捕捞努力量的差异造成的。

为了研究捕捞压力的潜在影响，该综述提供了泰国南部三大港口三年（1968年、1969年和1970年）的虾产量的数据。在此期间捕捞努力量翻倍（以捕捞小时数进行测量），捕捞量大约增加一倍，捕捞量发生如此大的变化可能是由捕捞努力量的差异导致的。

使用（主要是）同种捕捞方式捕捞某些特定物种的商业捕鱼活动，可能在区域之间会表现出显著的差异。这意味着单位时间渔获率及（通过一些测定方法）CPUE在这些渔业之间的差别很大。

把特定物种对特定生境类型的依赖性进行分类几乎是不可能的。

依赖于红树林的物种，其渔业可能是全年性或具有很强的季节性的。这会影响生物物理性质、气候和其他因素的相对重要性。

53

即使采用单一的捕捞方法，由于捕捞努力量、功率和渔具选择性随时间的变化，难以进行年际比较。因此，捕捞的影响与生境变化相比，变得更加薄弱。

以每日捕捞千克数测定的捕捞努力量，能否用来比较不同品种的捕捞努力量或多个物种捕捞努力量的平均值？

渔业的宏观经济和社会经济效应影响了渔业捕捞努力量。

例如，在马来西亚半岛西面，白色（香蕉）虾的捕捞上岸量一年四季基本都是稳定的（Loneragan et al.，2005）。在马来西亚半岛东面、沙捞越和澳大利亚北部，渔业具有很强的季节性。在澳大利亚北部，每年大约80%的降水量出现在夏季，大约90%的虾捕捞量在4月开始前2~4周获得。

即使仅使用单一的捕捞方法比较单个渔业的努力量，渔获量的对比数据的有效性和运用对于渔业生物学家和管理人员来说也仍是一个争论不休的问题。

当需要利用这些数据进行统计和比较广泛地理区域内红树林或海草对不同鱼类产量的影响时，获得这些数据尤其是个问题。

例如，两个渔民一整天一起工作可能会捕捞50~100kg的螃蟹。那么这能否同6个人一天用围网捕捞10 000kg乌鱼的捕捞量相合并呢？这两个数据的平均值能告诉我们毗邻红树林区的渔业CPUE吗？

即使在一个单一的渔业中，捕捞努力量也能够在短期内显著变化，并且通常是以相对无形的方式。例如，在澳大利亚南部圣文森特海湾的单一品种对虾渔业（宽沟对虾 Penaeus latisulcatus），每个持证者（每船）在港湾中的平均捕捞努力量在8年期间增长了一倍，这是由于增加了船只长度和发动机功率，改变了捕捞装备类型，延长了每晚捕捞时间，以及该地区捕捞者的经验增加了（Byrne，1982）。

关于这方面的另一个例子是来自越南南部湄公河三角洲的海洋捕捞渔业（de Graaf and Xuan，1998），人们在20年期间确定了三个捕捞阶段。在同一时期（1976~1995年），红树林面积下降了23%（从84 127hm^{2}到64 819hm^2）。1975~1983年：由于"船民"外流，渔船数量下降。其余船只的CPUE（每年单位功率的吨数）和总渔获量增加了。1983~1989年：发动机功率略有增加，但政府发起的捕捞合作社抵消了捕捞动力，导致CPUE和总渔获量的减少。1989~1995年：推出了"自由市场"和增加设备的可用性。总产量和发动机功率很快得到提高，但CPUE没有增加。生产量（总渔获量）在1992~1995年增长了27%。该渔获量的增长是因为船只数量增加了

85%，以及港湾中的发动机功率增加了100%。该统计是基于所有物种的总重量和所有类型的渔船进行的。

这些比较证明了进行推论的困难性，即关于在捕捞努力量复杂变化条件下，红树林损失对渔业产量的影响。

渔业统计数据的可靠性是一个受到质疑的问题，并且在研究虾的捕捞上岸量与马来西亚半岛西部红树林和浅海水域范围之间的关系时其被考虑在内（Loneragan et al.，2005）。

马来西亚霹雳州的所有虾和依赖红树林的白虾（墨吉对虾 *Penaeus merguiensis*）的捕捞上岸量，其差异的最主要影响因素是浅水区域面积。

雪兰莪州、吉打州和柔佛州附近的所有虾和依赖于红树林的白虾的捕捞上岸量似乎一直保持不变或有所增长，而在1980~1996年那些地方的红树林大面积减少（30%~45%）。据推测，幼虾从远离霹雳州的较大区域生境迁移到上述这些水域中。

在上述研究中使用的渔业数据的可靠性和准确性受到了Loneragan等（2005）的质疑。他们提出了如下相关问题。①用于估计捕捞上岸量的二级抽样过程。②虾的鉴别和每个类别的重量估计。③捕捞上岸量报告中的错误，捕捞上岸量数据可能偏向任何形式：低估，以保护捕捞位置或为了避税；或者高估，以证明政府政策是可行的。事实上，在这项研究中没有估计捕捞努力量。

随后Chong（2006）的研究得出的结论是，马来西亚半岛西部在1989年和2003年减少的对虾产量（根据记录的捕捞上岸量）与红树林减少有关。然而，需要注意的是，其他因素也可能影响捕捞上岸量。例如，可能是渔船把渔获物转运到泰国的邻近港口，那里的加工设备比较发达，并且渔产品价格更高。这强调了了解渔业社会经济动态和渔民行为的重要性。有时，捕捞上岸量变化的原因与资源的状态无关。

虽然没有特别侧重于红树林和海草生境，但是在南太平洋如萨摩亚（Zann，1999）和斐济（Zann S and Zann L，2008）的研究中，研究人员阐述了鱼类和无脊椎动物对维持生计的重要性。在萨摩亚两个主要岛屿上进行的家庭调查显示，人们平均每周有2.7天吃鱼，并且一半

虽然现在卫星图像已经能够合理准确地估计生境覆盖，但是许多渔业数据的准确性仍然参差不齐。

大部分专注于红树林和海草生境作为商业价值鱼类的繁殖区的研究，都忽略了它们在自给性渔业中的重要性。

以上的萨摩亚家庭每周至少捕捞一次以维持生计（Zann，1999）。在乌波卢岛，64%的家庭吃光他们所有的渔获物；在萨瓦伊岛上，75%的家庭吃光他们所有的渔获物。除了鱼类，许多种类的无脊椎动物也被捕食，包括螺、章鱼、贝类、蟹、海参和海胆。

在斐济维提岛崴达姆达姆河河岸的三个村庄的一项研究中发现，大多数家庭（55%）的主要生活方式仍然是依靠捕鱼来获取蛋白质（Zann S and Zann L，2008）。平均44%的家庭每天吃鱼。

在自给性渔业中，许多从红树林和海草区域捕捞的品种是小型鱼或是较大鱼类品种的幼体，构成了原地捕捞量或来自邻近地区的捕获量的一部分，为生活在热带沿海地区的数百万人提供了蛋白质。粗略估计自给性渔业对红树林总捕捞量的贡献范围：在沙捞越为10%~20%，在斐济为56%，在科斯雷群岛（密克罗尼西亚）高达90%（Rönnböck，1999）。

红树林生境价值的重要贡献是非常难以测量的，因此在红树林生境的渔业价值研究中经常被忽视。

12

主要发现和结论

12.1 信息需求

在本书编写期间，以下信息需求已被确定。在更加深入分析和确定红树林和海草生境与鱼类种群之间的任何关系性质之前，这些问题都需要解决。

寻找生境和渔业生产之间的关系时，需要考虑的重要问题之一是，在时间范围内红树林和海草生境正在发生哪些变化，对比之下该时间范围内有哪些研究测定了鱼类群落结构和单个物种丰度。

从全球范围来看，估计红树林和海草的面积每年缩小约1%。因此，红树林和海草区域在约50年的时间里将大量损失，虽然局部变化可能更快或更慢。然而，在相似时间范围内捕获的鱼类群落结构和单个物种丰度的渔业数据库较少，或者红树林和/或海草正在发生损失的覆盖区域的数据库较少。同样，很少有正在监测的或已知的数据库，是关于能显著影响捕捞努力量变化的。这意味着此时几乎不可能将红树林或海草的巨大损失与渔业捕捞量的相应减少联系起来，除非是在非常有限的区域内。

类似于当今时间尺度下渔业产量的较大变化，能够探测红树林和海草损失的能力。

57

使红树林或海草区域变化与渔业捕捞量变化之间的关系变得混乱的另一变量是，鱼类种群出现大幅度的自然波动（Jones et al., 2010）。

有人断言，"对虾的生物量和捕捞量波动主要是对群落更新可变性的响应，群落更新可变性是由环境作用力控制的，其主要作用于河口繁殖区的幼虾"（Houde and Rutherford, 1993），河口海洋资源的更新可变性高且不可预测（如墨西哥湾白虾捕捞量的变化量超过400%）。

鱼类在海草生境中的自然波动通过相当长时间的其他有关渔获量的研究得到证实。澳大利亚东南部西港鳍鱼捕捞量数据显示，50年期间变化量接近250%。对于个别品种，如乔治王鳕，同期相比渔获量变化量为500%，黑鲷的变化量为450%（Macdonald, 1991）。

关于澳大利亚东南部巴利纳附近30年间海洋休闲钓鱼俱乐部的鳍鱼记录的一项研究表明，在此期间捕捞努力量相对稳定，渔获量从最低到最高变化了250%（Gartside et al., 1999）。

研究人员需要进行红树林和海草斑块分布及生境连通性对渔业生产的影响研究。这对指定海洋保护区及禁渔保护区结构的设计特别重要。当然，这对海洋生境的保护也具有普遍意义。

尽管某些品种的生命周期是众所周知的，大部分品种对商业性和自给性渔业很重要，尽管某些种类的生活期是基本清楚的，但是那些主要对商业性和自给性渔业很重要的种类，以及支持这些种类的生物没有被充分记录。这应该包括幼虫和幼体发育的任何关键阶段。此外，幼体迁移到邻近地区的能力在大多数情况下仍然是未知的。阐明这些功能对理解这种生命枯竭地区的恢复能力是非常重要的。

相邻生境之间的生态连通性如红树林、海草、珊瑚礁和泥滩，仍是一个待发展的研究领域。通常这是一个对鱼类群落更新（包括甲壳类和软体动物）和保护都重要的区域。

标记和标记技术需要得到进一步完善，以便能够对成年群体的补充量进行定量。这种技术带来的好处是通过

鱼类的自然波动使生境损失与渔业变化之间的关系变得混乱。

比较斑块环境的相对贡献与红树林和/或海草大规模损失的影响。

鱼虾的主要商业品种的生命周期研究，包括幼虫的迁移距离和幼体对邻近地区的群落补充。

通过技术的发展识别及量化幼鱼和成鱼群体之间的联系：相邻生境之间生态连通性的作用。

58

释放水产养殖的成熟库存能够追踪库存补充过程的关键。

采样方法的标准化和采样技术的严格使用需要得到更普遍的应用，并不断完善以提高研究人员采样的信心和可靠性。这是量化鱼类种群变化，以及确定渔业生产与红树林和海草区域范围之间的关系的关键。

渔业部门统计的区域可以更好地与有助于渔业生产的生境相匹配。这也非常有助于生态系统方法在渔业管理方面的应用。

关于红树林和海草区域自给性渔业范围的数据还相对较少，尽管众所周知自给性渔业是许多沿海地区蛋白质的重要来源。研究人员急需捕捞和消耗的物种数据，以及红树林和海草生境维持的渔获物物种数据。

迄今为止，还没有关于红树林任何特定区域生物量输出的全面定量估计值。相比于水力输出或系统内部再循环，研究人员仍然难以评估生物输出的作用，因此迫切需要这些数据。

可靠的和可重复的鱼类定量采样方法。

收集的渔获量统计数据与重要渔业生境地区可以更好地匹配。

集中力量来确定红树林和海草生境对自给性渔业的重要性。

量化生物输出。

12.2 结 论

根据我们对红树林和海草生境与鱼类种群的关系属性的综述，得出了以下结论。

简单地因为幼鱼密度较高就假定红树林是繁殖区，这并没有得到普遍认可。目前有大量研究表明，随着时间的推移和 / 或地理位置的变化，相似生境中的物种组成或个体密度存在差异。另外，幼体和来自繁殖区的成熟个体之间的联系，在许多情况下是缺失的或难以被证明的。

基于有限的数据，普遍认为的广义观点在许多情况下似乎不太适用，即红树林和 / 或海草通过其作为繁殖区的作用来支撑渔业生产。

红树林和海草对幼鱼和幼虾的吸引力因取食和种间差异而不同，并且结构复杂性和食物这两个因素有着显著但不同的作用。

红树林原料对幼鱼和甲壳类动物的直接营养贡献极小，而热带海草原料的贡献有可能非常显著。

红树林和海草生境的生物膜、细菌、浅水底栖生物和排泄物的存在，很可能为幼鱼和甲壳类动物提供了大量的营养。

那些证明红树林和海草对渔业产量有提高效应的实例，仅限于特定位置和特定时间下的特定物种。

红树林和海草提高渔业产量的例子表明，红树林和海草生境似乎对一些依赖性物种非常重要，无论是在其整个生命周期还是在其生命周期中的一个或多个特定阶段。这些物种包括宽沟对虾（海草）、墨吉对虾（红树林）、泥蟹（红树林）、澳洲肺鱼（红树林）。

这是一种误导，认为对大多数物种来说，红树林和海草区的主要影响是作为繁殖区或者可增加大多数物种在其他生命周期阶段的存活率。许多研究发现很难证明红树林/海草区域具有加强渔业生产的效应，尤其是在修正统计自相关以后。

是否应该认为红树林和海草区域对支撑渔业生产很重要？这个问题需要根据具体案例进行具体评估，而不应受来自因力图证明因果关系而错误使用推论分析的红树林、海草与渔业生产关系的干扰。

研究人员通过对沿海海洋生境（特别是红树林）的研究，逐渐深入地理解了生境内部复杂的食物网对渔业的重要性，以及与相邻生境（如泥滩和珊瑚礁）的连通性的影响，而不是单一物种的影响。

重要的是要记住，红树林为渔业生产提供了大量附带的生态系统服务，特别是对未来沿海环境很重要，如为未来一些水产养殖模式提供种子库，提供非渔业服务如控制侵蚀、缓解污染、红树林地和缓解风暴或海啸灾害（Saenger，2002；Walters et al.，2008）。提供的这一系列生态系统服务强调了我们迫切需要一个更全面的方法来管理沿海环境及其渔业。这个方法必须充分考虑到邻近生境的复杂性和相互作用，以及管理捕捞活动的总体需要。

可以预计，通过使用更复杂的方法和统计技术，未来研究将更明确地澄清红树林和海草生境与鱼类种群之间的任何关系属性。

参 考 文 献

Abrantes, K. & M. Sheaves. 2009. Food web structure in a near-pristine mangrove area of the Australian wet tropics. *Estuarine, Coastal and Shelf Science* **82**: 597–607.

Acosta, C.A. & M.J. Butler. 1997. Role of mangrove habitat as a nursery for juvenile spiny lobster, *Panulirus argus,* in Belize. *Marine and Freshwater Research* **48**: 721–727.

Adams, A.J., C.P. Dahlgren, G.T. Kellison, M.S. Kendall, C.A. Layman, J.A. Ley, I. Nagelkerken & J.E. Serafy. 2006. Nursery function of tropical back-reef systems. *Marine Ecology Progress Series* **318**: 287–301.

Aguilar-Perera, A. & R.S. Appeldoorn. 2008. Spatial distribution of marine fishes along a cross-shelf gradient containing a continuum of mangrove–seagrass–coral reefs of southwestern Puerto Rico. *Estuarine, Coastal and Shelf Science* **76**: 378–394.

Ahmad Adnan, N., N.R. Loneragan & R.M. Connolly. 2002. Variability of, and the influence of environmental factors on, the recruitment of postlarval and juvenile *Penaeus merguiensis* in the Matang mangroves of Malaysia. *Marine Biology* **141**: 241–251.

Alfaro, A.C. 2006. Benthic macro-invertebrate community composition within a mangrove-seagrass estuary in northern New Zealand. *Estuarine, Coastal and Shelf Science* **66**: 97–110.

Alongi, D.M. 1998. *Coastal ecosystem processes.* CRC Press, Boca Raton.

Alongi, D.M. 2002. Present state and future of the world's mangrove forests. *Environmental Conservation,* **29(3)**: 331–349.

Alongi, D.M. 2009. *The energetics of mangrove forests.* Springer, Melbourne.

Alongi, D.M., T. Ayukai, G.J. Brunskill, B.F. Clough & E. Wolanski. 1998. Sources, sinks, and export or organic carbon through a tropical, semi-enclosed delta (Hinchinbrook Channel, Australia). *Mangroves and Salt Marshes* **2**: 237–242.

Arvedlund, M. & K. Kavanagh. 2009. The senses and environmental cues used by marine larvae of fish and decapod crustaceans to find tropical coastal ecosystems. *In:* I. Nagelkerken, ed. *Ecological connectivity among tropical coastal ecosystems.* Springer, New York, pp. 135–184.

Arvedlund, M. & A. Takemura. 2006. The importance of chemical environmental cues for juvenile *Lethrinus nebulosus* Forsskål (Lethrinidae, Teleostei) when settling into their first benthic habitat. *Journal of Experimental Marine Biology and Ecology* **338**: 112–122.

Atema, J., M.J. Kingsford & G. Gerlach. 2002. Larval reef fish could use odour for detection, retention and orientation to reefs. *Marine Ecology Progress Series* **241**: 151–160.

Ayukai, T., D. Miller, E. Wolanski & S. Spagnol. 1998. Fluxes of nutrients and dissolved and particular organic matter in two mangrove creeks in northeastern Australia. *Mangroves and Salt Marshes* **2**: 223–230.

Baran, E. & J. Hambrey. 1998. Mangrove conservation and coastal management in Southeast Asia: what impact on fishery resources? *Marine Pollution Bulletin* **37**: 431–440.

Barimo, J.F. & J.E. Serafy. 2003. Fishes of a restored mangrove habitat in Key Biscayne, Florida. *Florida Scientist* **66**: 12–22.

Beck, M.W., K.L. Heck, K.W. Able, D.L. Childers, D.G. Eggleston, B.M. Gillanders, B. Halpern, C.G. Hays, K, Hoshino, T.J. Minella, R.J. Orth, P.F. Sheridan & M.P. Weinstein. 2001. The identification, conservation and management of estuarine and marine nurseries for fish and invertebrates. *BioScience* **51**: 633–641.

Bell, J.D. & D.A. Pollard. 1989. Ecology of fish assemblages and fisheries associated with seagrasses. *In* A.W.D. Larkum, A.J. McComb and S.A. Sheppard, eds. *Biology of Seagrasses.* Elsevier, Amsterdam, pp. 565–597.

Bell, J.D., D.A. Pollard, J.J. Burchmore, B.C. Pease & M.J. Middleton. 1984. Structure of a fish community in a temperate tidal mangrove creek in Botany Bay, New South Wales. *Australian Journal of Marine and Freshwater Research* **35**: 33–46.

Blaber, S.J.M. 1997. *Fish and fisheries of tropical estuaries.* Chapman & Hall, London.

Blaber, S.J.M. 2000. *Tropical estuarine fishes: ecology, exploitation and conservation.* Blackwell Science, Oxford.

Blaber, S.J.M. 2007. Mangroves and fishes: issues of diversity, dependence, and dogma. *Bulletin of Marine Science* **80**: 457–472.

Blaber, S.J.M. 2009. Relationships between tropical coastal habitats and (offshore) fisheries. *In* I. Nagelkerken, ed. *Ecological connectivity among tropical coastal ecosystems.* Springer Science and Business Media B.V., New York, pp. 533–564.

Blaber, S.J.M. & D.A. Milton. 1990. Species composition, community structure and zoogeography of fishes of mangroves in the Solomon Islands. *Marine Biology* **105**: 259–268.

Blaber, S.J.M., D.T. Brewer & J.P. Salini. 1989. Species composition and biomass of fishes in different habitats of a tropical northern Australian estuary: their occurrence in the adjoining sea and estuarine dependence. *Estuarine and Coastal Shelf Science* **29**: 509–531.

Blasco, F., M. Aizpuru & C. Gers. 2001. Depletion of the mangroves of continental Asia. *Wetlands Ecology and Management* **9**: 245–256.

Bloomfield, A.L. & B.M. Gillanders. 2005. Fish and invertebrate assemblages in seagrass, mangrove, saltmarsh and non-vegetated habitats. *Estuaries* **28**: 63–77.

Bosire, J.O., F. Dahdouh-Guebas, M. Walton. B.I. Crona, R.R. Lewis, C. Field, J.G. Kairo & N. Koedam. 2008. Functionality of restored mangroves: a review. *Aquatic Botany* **89**: 251–259.

Boto, K.G. 1982. Nutrient and organic fluxes in mangroves. *In* B.F. Clough, ed. *Mangrove ecosystems in Australia. Structure, function and management.* ANU Press, Canberra, pp. 239–259.

Boto, K., D.M. Alongi & A.L.J. Nott. 1989. Dissolved organic carbon-bacteria interactions at sediment-water interface in a tropical mangrove system. *Marine Ecology Progress Series* **51**: 243–251.

Boto, K.G. & J.S. Bunt. 1981. Tidal export of particulate organic matter from a northern Australian mangrove system. *Estuarine, Coastal and Shelf Science* **13**: 247–257.

Bouillon, S., R.M. Connolly & S.Y. Lee. 2008. Organic matter exchange and cycling in mangrove ecosystems: recent insights from stable isotope studies. *Journal of Sea Research* **59**: 44–58.

Brown-Peterson, N.J., M.S. Peterson, D.A. Rydene & R.W. Eames. 1993. Fish assemblages in natural versus well-established recolonized seagrass meadows. *Estuaries* **16**: 177–189.

Byrne, J.L. 1982. The South Australian prawn fishery: a case study in licence limitation. *In* N.H. Sturgess & T.F. Meany. *Policy and practice in fisheries management.* Aust. Govt. Print. Service, Canberra, pp. 205–224.

Campbell, S.J. & L.J. McKenzie. 2004. Flood related loss and recovery of intertidal seagrass meadows in southern Queensland, Australia. *Estuarine, Coastal and Shelf Science* **60**: 477–490.

Chong, V.C. 2006. Importance of coastal habitats in sustaining the fisheries industry. *National Fisheries Symposium on Advancing R & D Towards Business Opportunities*, 26–28 June 2006, Crowne Plaza Riverside Hotel, Kuching, Sarawak, Malaysia, pp. 1–28.

Chong, V.C. 2007. Mangrove-fisheries linkages – the Malaysian perspective. *Bulletin of Marine Science* **80**: 755–772.

Chong, C.V., A. Sasekumar & E. Wolanski. 1996. The role of mangroves in retaining penaeid prawn larvae in Klang Strait, Malaysia. *Mangroves and Saltmarshes* **1**: 11–22.

Chong, C.V., A. Sasekumar, M.U.C. Leh & R. D'Cruz. 1990. The fish and prawn communities of a Malaysian coastal mangrove ecosystem, with comparisons to adjacent mudflats and inshore waters. *Estuarine, Coastal and Shelf Science* **31**: 703–722.

Cocheret de al Morinière, E., B.J.A. Pollux, I. Nagelkerken & G. van de Velde. 2002. Post-settlement life cycle migration patterns and habitat preference of coral reef fishes that use seagrass and mangrove habitats as nurseries. *Estuarine, Coastal and Shelf Science* **55**: 309–321.

Coles, R.G., W.J. Lee Long, R.A. Watson & K.J. Derbyshire. 1993. Distribution of seagrasses, and their fish and penaeid prawn communities, in Cairns Harbour, a tropical estuary, northern Queensland, *Australia. Australian Journal Marine and Freshwater Research* **44**: 193–210.

Connolly, R.M. 1994. A comparison of fish assemblages from seagrass and unvegetated areas of a southern Australian estuary. *Australian Journal of Marine and Freshwater Research* **45**: 1033–1044.

Crona, B.I. & P. Rönnbäck. 2007. Community structure and temporal variability of juvenile fish assemblages in natural and replanted mangroves, *Sonneratia alba* Sm., Gazi Bay, Kenya. *Estuarine, Coastal and Shelf Sciences* **74**: 44–52.

Crona, B.I., P. Rönnböck & S. Holmgren. 2006. Re-establishment of epibiotic communities in reforested mangroves of Gazi Bay, Kenya. *Wetlands Ecology and Management* **14**: 527–538.

Dahlgren C.P., G.T. Kellison, A.J. Adams, B.M. Gillanders, M.S. Kendall, C.A. Layman, J.A. Ley, I. Nagelkerken & J.E. Serafy. 2006. Marine nurseries and effective juvenile habitats: concepts and applications. *Marine Ecology Progress Series* **312**: 291–295.

Daniel, P.A. & A.I. Robertson. 1990. Epibenthos of mangrove waterways and open embayments: community structure and relationship between exported mangrove detritus and epifaunal standing stocks. *Estuarine, Coastal and Shelf Science* **31**: 599–619.

Dawes, C.J. & J.M. Lawrence. 1980. Seasonal changes in the proximate constituents of the seagrasses *Thalassia testudinum, Halodule wrightii,* and *Syringodium filiforme. Aquatic Botany* **8**: 371–380.

de Boer, W.F. 2000. Biomass dynamics of seagrasses and the role of mangrove and seagrass vegetation as different nutrient sources for an intertidal ecosystem. *Aquatic Botany* **66**: 225–239.

de Graaf, G.J. & T.T. Xuan. 1998. Extensive shrimp farming, mangrove clearance and marine fisheries in the southern provinces of Vietnam. *Mangroves and Salt Marshes* **2**: 159–166.

Dennis, D.M., T.D. Skewes & C.R. Pitcher. 1997. Habitat use and growth of juvenile ornate rock lobsters, *Panulirus ornatus* (Fabricius, 1798), in Torres Strait, Australia. *Marine and Freshwater Research* **48**: 663–670.

Dennison, W.C. 2009. Global trajectories of seagrasses, the biological sentinels of coastal ecosystems. *In* C.M. Duarte, ed. *Global loss of coastal habitats: rates, causes and consequences.* Fundación BBVA, Bilboa.

Dittmar, T. & R.J. Lara. 2001. Driving forces behind nutrient and organic matter dynamics in a mangrove tidal creek in North Brazil. *Estuarine, Coastal and Shelf Science* **52**: 249–259.

Dorenbosch, M., M.G.G. Grol, I. Nagelkerken & G. van der Velde. 2006. Seagrass beds and mangroves as potential nurseries for the threatened Indo-Pacific humphead wrasse, *Cheilinus undulatus* and Caribbean rainbow parrotfish, *Scarus guacamaia. Biological Conservation* **129**: 277–282.

Dorenbosch, M., M.C. van Riel, I. Nagelkerken & G. van der Velde. 2004. The relationship of reef fish densities to the proximity of mangrove and seagrass nurseries. *Estuarine, Coastal and Shelf Science* **60**: 37–48.

Dorenbosch, M., M.G.G. Grol, M.J.A. Christianen, I. Nagelkerken & G. van der Velde. 2005. Indo-Pacific seagrass beds and mangroves contribute to fish density and diversity on adjacent coral reefs. *Marine Ecology Progress Series* **302**:63–76.

Duarte, C.M. (Ed.). 2009. *Global loss of coastal habitats: rates, causes and consequences.* Fundación BBVA, Bilboa.

Emmerson, W.D. & L.E. McGwynne. 1992. Feeding and assimilation of mangrove leaves by the crab *Sesarma meinerti* de Man in relation to leaf-litter production in Mgazana, a warm-temperate southern African mangrove swamp. *Journal of Experimental Marine Biology and Ecology* **157**:41–53.

Ewel, K.C., R.R. Twilley & J.E. Ong. 1998. Different kinds of mangrove forests provide different goods and services. *Global Ecology and Biogeographical Letters* **7**: 83–94.

FAO. 2007. The world's mangroves 1980–2005: a thematic study prepared in the framework of the Global Forest Resource Assessment 2005. FAO Forestry Paper 153, Rome.

Faunce, C.H. & C.A. Layman.2009. Sources of variation that affect perceived nursery functions of mangroves. *In* I. Nagelkerken, ed. *Ecological connectivity among tropical coastal ecosystems.* Springer, New York, pp. 401–421.

Faunce, C.H. & J.E. Serafy. 2006. Mangroves as fish habitat: 50 years of field studies. *Marine Ecology Progress Series* **318**: 1–18.

Ferrell, D.G. & J.D. Bell. 1991. Differences among assemblages of fishes associated with *Zostera capricorni* and bare sand over a large spatial scale. *Marine Ecology Progress Series* **72**: 15–24.

Field, C.D. (Ed.). 1996. *Restoration of mangrove ecosystems*, ISME/ITTO, Okinawa.

Flores-Verdugo, F.J., J.W. Day & R. Briseno-Duenas. 1987. Structure, litter fall, decomposition, and detritus dynamics of mangroves in a Mexican coastal lagoon with an ephemeral inlet. *Marine Ecology Progress Series* **35**:83–90.

Fonseca, M.S., W.J. Kenworthy, D.R. Colby, K.A. Rittmaster & G.W. Thayer. 1990. Comparisons of fauna among natural and transplanted Zostera marina meadows: criteria for mitigation. *Marine Ecology Progress Series* **65**: 251–261.

Fortes, M.D. 1988. Mangrove and seagrass beds of East Asia: habitats under stress. *Ambio* **17:** 207–213.

Forward, R.B., R.A. Tankersley, K.A. Smith & J.M. Welch. 2003. Effect of chemical cues on orientation of blue crab, *Callinectes sapidus*, megalopae in flow: implications for location of nursery areas. *Marine Biology* **142**: 747–756.

France, R.L. 1998. Estimating the assimilation of mangrove detritus by fiddler crabs in Laguna Joyuda, Puerto Rico, using dual stable isotopes. *Journal of Tropical Ecology* **14**: 413–425.

Galal, N., R.F.G. Ormond & O. Hassan. 2002. Effect of a network of no-take reserves in increasing catch per unit effort and stocks of exploited reef fish at Nabq, South Sinai, Egypt. *Marine and Freshwater Research* **53**: 199–205.

Gartside, D.F., B. Harrison & B.L. Ryan. 1999. An evaluation of the use of fishing club records in the management of marine recreational fisheries. *Fisheries Research* **41**: 47-61.

Gerlach, G., J. Atema, M.J. Kingsford, K.P. Black & V. Miller-Sims. 2007. Smelling home can prevent dispersal of reef fish larvae. *Proceedings of the National Academy of Sciences* **104**: 858–863.

Gilbert, A.J. & R. Janssen. 1997. The use of environmental functions to evaluate management strategies for the Pagbilao mangrove forest. IIED CREED No. 15 Working Paper Series, Institute for Environmental Studies, Vrije University, Netherlands.

Gillanders, B.M. 2006. Seagrass, fish and fisheries. *In* A.W.D. Larkum, R.J. Orth & C.M. Duarte, eds. *Seagrasses: biology, ecology and conservation.* Springer, Berlin, pp. 503–536.

Gillanders, B.M., K.W. Able, J.A. Brown. D.B. Eggleston & P.F. Sheridan. 2003. Evidence of connectivity between juvenile and adult habitats for mobile marine fauna: an important component of nurseries. *Marine Ecology Progress Series* **247**: 281–295.

Golley, F., H.T. Odum & R.F. Wilson. 1962. The structure and metabolism of a Puerto Rican red mangrove forest in May. *Ecology* **43**: 9–19.

Gong, W.K. & J.E. Ong. 1990. Plant biomass and nutrient flux in a managed mangrove forest. *Estuarine Coastal and Shelf Science* **31**: 651–665.

Granek, E. & B.L. Ruttenberg. 2008. Changes in biotic and abiotic processes following mangrove clearing. *Estuarine, Coastal and Shelf Science* **80**: 555–562.

Halliday, I.A. & W.R. Young. 1996. Density, biomass and species composition of fish in a subtropical *Rhizophora stylosa* mangrove forest. *Marine and Freshwater Research* **47**: 609–615.

Hamilton, L.S. & S.C. Snedaker (Eds.). 1984. *Handbook for mangrove area management.* Environment and Policy Institute, East-West Centre, Hawaii.

Hammerschlag, N., A.B. Morgan & J.E. Serafy, 2010. Relative predation risk for fishes along a subtropical mangrove-seagrass ecotone. *Marine Ecology Progress Series* **401**: 259–267.

Haywood M.D.E., D.J. Vance & N.R. Loneragan. 1995. Seagrass and algal beds as nursery habitats for tiger prawns (*Penaeus semisulcatus* and *P. esculentus*) in a tropical Australian estuary. *Marine Biology* **122**: 213–223.

Heald, E.J. 1969. The production of organic detritus in a south Florida estuary. University of Miami, Coral Gables, Florida. (Doctoral dissertation).

Heald, E.J. 1971. The production of organic detritus in a south Florida estuary. *University of Miami Sea Grant Technical Bulletin No. 6*, pp. 1–110.

Heck, K.L. & R.J. Orth, 2006. Predation in seagrass beds. *In* A.W.D. Larkum, R.J. Orth & C.M. Duarte, eds. *Seagrasses: Biology, Ecology and Conservation.* Springer, New York, pp. 537–550.

Heck, K.L. & J.F. Valentine. 2006. Plant-herbivore interactions in seagrass meadows. *Journal of Experimental Marine Biology and Ecology* **330**: 420–436.

Heck, K.L., G. Hays & R.J. Orth. 2003. Critical evaluation of the nursery role hypothesis for seagrass meadows. *Marine Ecology Progress Series* **253**: 123–136.

Heck, K.L., D.A. Nadeau & R. Thomas. 1997. The nursery role of seagrass beds. *Gulf of Mexico Science* **1**: 50–54.

Hemminga, M.A., F.J. Slim, J. Kazunga, G.M. Ganssen, J. Nieuwenhuize & N.M. Kruyt. 1994. Carbon outwelling from a mangrove forest with adjacent sea grass beds and coral reefs (Gazi Bay, Kenya). *Marine Ecology Progress Series* **106**: 291–301.

Hindell, J.S. & G.P. Jenkins. 2004. Spatial and temporal variability in the assemblage structure of fishes associated with mangroves (Avicennia marina) and intertidal mudflats in temperate Australian embayments. *Marine Biology* **144**: 385–395.

Hong, P.N. 1996. Restoration of mangrove ecosystems in Vietnam. In C.D. Field, ed. *Restoration of mangrove ecosystems.* International Society for Mangrove Ecosystems, Okinawa, pp. 76–96.

Horinouchi, M. 2007. Review of the effects of within–patch scale structural complexity on seagrass fishes. *Journal of Experimental Marine Biology and Ecology* **350**: 111–129.

Houde E.D. & E.S. Rutherford. 1993. Recent trends in estuarine fisheries: predictions of fish production and yield. *Estuaries* **16**: 161–176.

Hsieh, H.-L, C.-P. Chen, Y.-G. Chen & H.-H. Yang. 2002. Diversity of benthic organic matter flows through polychaetes and crabs in a mangrove estuary: $\delta^{13}C$ and $\delta^{34}S$ signals. *Marine Ecology Progress Series* **227**: 145–155.

Huijbers, C.M., E.M. Mollee & I. Nagelkerken. 2008. Past-larval French grunts (*Haemulon flavolineatum*) distinguish between seagrass, mangrove and coral reef water: implications for recognition of potential nursery habitats. *Journal of Experimental Marine Biology and Ecology* **357**: 134–139.

Huijbers, C.M., I. Nagelkerken, P.A.C. Lössbroek, I.E. Schulten, A. Siegenthaler, M.W. Holderied & S.D. Simpson. 2012. A test of the senses: Fish select novel habitats by responding to multiple cues. *Ecology* **93**: 46–55.

Huxham, M., E. Kimani & J. Augley. 2004. Mangrove fish: a comparison of community structure between forested and cleared habitats. *Estuarine, Coastal and Shelf Science* **60**: 637–647.

Imgraben, S. & S. Dittmann. 2008. Leaf litter dynamics and litter consumption in two temperate South Australian mangrove forests. *Journal of Sea Research* **59**: 83–93.

Jelbart, J.E., P.M. Ross & R.M. Connolly. 2007. Fish assemblages in seagrass beds are influenced by the proximity of mangrove forests. *Marine Biology* **150:** 993–1002.

Jones, D.L., J.F. Walter, E.N. Brooks & J.E. Serafy. 2010. Connectivity through ontogeny: fish population linkages among mangroves and coral reef habitats. *Marine Ecology Progress Series* **401**: 245–258.

Kapetsky, J.M. 1985. Mangroves, fisheries and aquaculture. *FAO Fisheries Report* **338**: 17–36.

Kathiresan, K. & N. Rajendran. 2002. Fishery resources and economic gain in three mangrove areas on the south-east coast of India. *Fisheries Management & Ecology* **9**: 277–283.

Kenyon R.A., N.R. Loneragan, F.J. Manson, D.J. Vance & W.N. Venables. 2004. Allopatric distribution of juvenile red-legged banana prawns (*Penaeus indicus* H. Milne Edwards, 1837) and juvenile white banana prawns (*Penaeus merguiensis* De Man, 1888), and inferred extensive migration, in the Joseph Bonaparte Gulf, northwest Australia. *Journal of Experimental Marine Biology and Ecology* **309**: 79–108.

Kimani, E.N., G.K. Mwatha, E.O. Wakwabi, J.M. Ntiba & B.K. Okoth. 1996. Fishes of a shallow tropical mangrove estuary, Gazi, Kenya. *Marine and Freshwater Research* **47**: 857–868.

Kimirei, I.A., I. Nagelkerken, B. Griffioen, C. Wagner & Y.D. Mgaya. 2011. Ontogenetic habitat use by mangrove/seagrass-associated reef fishes shows flexibility in time and space. *Estuarine, Coastal and Shelf Science* **92**: 47–58.

Klumpp, D.W., R.K. Howard & D.A. Pollard. 1989. Trophodynamics and nutritional ecology of seagrass communities. *In* A.W.D. Larkum, A.J. McComb and S.A. Sheppard, eds. *Biology of Seagrasses*. Elsevier, Amsterdam, pp. 395–457.

Kneib, R.T. 1987. Predation risk and use of intertidal habitats by young fishes and shrimp. *Ecology* **68**: 379–386.

Kon, K., H. Kurokura & P. Tongnunui. 2010. Effects of the physical structure of mangrove vegetation on a benthic faunal community. *Journal of Experimental Marine Biology and Ecology* **383**: 171–180.

Kristensen, E., S. Bouillon, T. Dittmar & C. Marchand. 2008. Organic carbon dynamics in mangrove ecosystems: a review. *Aquatic Botany* **89**: 201–219.

Laegdsgaard, P. & C.R. Johnson. 1995. Mangrove habitats as nurseries: unique assemblages of juvenile fish in subtropical mangroves in eastern Australia. *Marine Ecology Progress Series* **126**: 67–81.

Laegdsgaard, P. & C. Johnson. 2001. Why do juveniles fish utilise mangrove habitats? *Journal of Experimental Marine Biology and Ecology* **257**: 229–253.

Larkum, A.W.D., A.J. McComb & S.A. Sheppard (Eds.). 1989. *Biology of Seagrasses*. Elsevier, Amsterdam.

Latif, M.A. 1996. *An evaluation of mangrove restoration projects in eastern Australia*. Southern Cross University, Lismore. (Unpublished thesis).

Layman, C.A., C.P. Dahlgren, G.T. Kellison, A.J. Adams, B.M. Gillanders, M.S. Kendall, J.A. Ley, I. Nagelkerken & J.E. Serafy. 2006. Marine nurseries and effective juvenile habitats. *Marine Ecology Progress Series* **318**: 307–308.

Lee, S.Y. 1989. The importance of sesarminae crabs *Chiromanthes* spp. and inundation frequency on mangrove (*Kandelia candel* (L.) Druce) leaf litter turnover in a Hong Kong tidal shrimp pond. *Journal of Experimental Marine Biology and Ecology* **131**: 23–43.

Lee, S.Y. 1990. Primary productivity and particulate organic matter flow in an estuarine mangrove-wetland in Hong Kong. *Marine Biology* **106**: 453–463.

Lee, S.Y. 1991. Herbivory as an ecological process in a *Kandelia candel* (Rhizophoraceae) mangal in Hong Kong. *Journal of Tropical Ecology* **7**: 337–348.

Lee, S.Y. 1995. Mangrove outwelling: a review. *Hydrobiologia* **295**: 203–212.

Lee, S.Y. 1997. Potential trophic importance of the faecal material of the mangrove sesarmine crab *Sesarma messa*. *Marine Ecology Progress Series* **159**: 275–284.

Lee, S.Y. 1999. Tropical mangrove ecology: physical and biotic factors influencing ecosystem structure and function. *Australian Journal of Ecology* **24**: 355–366.

Lee, S.Y. 2004. Relationship between mangrove abundance and tropical prawn production: a re-evaluation. *Marine Biology* **145**: 943–949.

Lee, S.Y. 2005. Exchange of organic matter and nutrients between mangroves and estuaries: myths, methodological issues and missing links. *International Journal of Ecology and Environmental Science* **31**: 163–175.

Lee, S.Y. 2008. Mangrove macrobenthos: assemblages, services, and linkages. *Journal of Sea Research* **59**: 16–29.

Lee, S.Y. C.W. Fong & R.S.S. Wu. 2001. The effects of seagrass (*Zostera japonica*) canopy structure on associated fauna: a study using artificial seagrass units and sampling natural beds. *Journal of Experimental Marine Biology and Ecology* **259**: 25–30.

Lepoint, G., F. Nyssen, S. Gobert, P. Dauby & J.M. Bouquegneau. 2000. Relative impact of a seagrass bed and its adjacent epilithic algal community in consumer diets. *Marine Biology* **136**: 513–518.

Lewis, R.R. 1992. Coastal habitat restoration as a fishery management tool. *In* R.H. Stroud, ed. *Stemming the tide of coastal fish habitat loss*. Proceedings of a symposium on conservation of coastal fish habitat. Baltimore, MD, March 7–9, 1991. National Coalition for Marine Conservation Inc., Savannah, GA, pp. 169–173.

Lewis, R.R. & R.G. Gilmore. 2007. Important considerations to achieve successful mangrove forest restoration with optimum fish habitat. *Bulletin of Marine Science* **80**: 823–837.

Ley, J.A. 2005. Linking fish assemblages and attributes of mangrove estuaries in tropical Australia: criteria for regional marine reserves. *Marine Ecology Progress Series* **305**: 41–57.

Ley, J.A., C.C. McIvor & C.L. Montague, 1999. Fishes in mangrove prop-root habitats of northeastern Florida Bay: distinct assemblages across an estuarine gradient. *Estuarine, Coastal and Shelf Science* **48**: 701–723.

Loneragan, N.R., S.E. Bunn & D.M. Kellaway, 1997. Are mangroves and seagrasses sources of organic carbon for penaeid prawns in a tropical Australian estuary? A multiple stable-isotope study. *Marine Biology* **130**: 289–300.

Loneragan, N.R., N.A. Adnan, R.M. Connolly & F.J. Manson. 2005. Prawn landings and their relationship with the extent of mangroves and shallow waters in western pensinsular Malaysia. *Estuarine, Coastal and Shelf Science* **63**: 187–200.

Loneragan, N.R., R.A. Kenyon, D.J. Staples, I.R. Poiner & C.A. Conacher. 1998. The influence of seagrass type on the distribution and abundance of postlarval and juvenile tiger prawns in the western Gulf of Carpentaria, Australia. *Journal of Experimental Marine Biology and Ecology* **228**: 175–196.

Loneragan, N.R., P.J. Crocos, R.M. Barnard, R.R. McCulloch, J.W. Penn, R.D. Ward & P.C. Rothlisberg. 2004. An approach to evaluating the potential for stock enhancement of brown tiger prawns (*Penaeus esculentus* Haswell) in Exmouth Gulf, Western Australia. *In* K.M. Leber, S. Kitada, H.L. Blankenship & T. Svasand, eds. *Stock enhancement and sea ranching, 2nd edition: Development, pitfalls and opportunities.* Blackwell Science Ltd./Fishing News Books, Oxford, pp. 444–464.

Lugendo, B.R., I. Nagelkerken, G. van der Velde & Y.D. Mgaya. 2006. The importance of mangroves, mud and sand flats, and seagrass beds as feeding areas for juvenile fishes in Chwaka Bay, Zanzibar; gut content and stable isotope analyses. *Journal of Fish Biology* **69**: 1639–1661.

Lugendo, B.R., I. Nagelkerken, G. Kruitwagen, G. van der Velde & Y.D. Mgaya. 2007a. Relative importance of mangroves as feeding habitats for fishes: a comparison between mangrove habitats with different settings. *Bulletin of Marine Science* **80**: 497–512.

Lugendo, B.R., A. de Groene, I. Cornelissen, A. Pronker, I. Nagelkerken, G. van der Velde & Y.D. Mgaya, 2007b. Spatial and temporal variation in fish community structure of a marine embayment in Zanzibar, Tanzania. *Hydrobiologia* **586**: 1–16.

Macdonald, C.M. 1991. Fluctuations in seagrass habitats and commercial fish catches in Westernport Bay and the Gippsland Lakes, Victoria. *Bureau of Rural Resources* No. 16 Recruitment Processes. D.A. Hancock (Ed.), pp. 191–201. AGPS, Canberra.

Macia, A., Abrantes, K.G.S. & Paula, J. 2003. Thorn fish *Terapon jarbua* (Forskål) predation on juvenile white shrimp Penaeus indicus H. Milne Edwards and brown shrimp *Metapenaeus monoceros* (Fabricius): the effect of turbidity, prey density, substrate type and pneumatophore density. *Journal of Experimental Marine Biology and Ecology*, **291**, Issue 1, pp. 29–56.

Macintosh, D.J., E.C. Ashton & S. Havanon. 2002. Mangrove rehabilitation and intertidal biodiversity: a study in the Ranong mangrove ecosystem, Thailand. *Estuarine, Coastal and Shelf Science* **55**: 331–345.

MacNae, W. 1974. Mangrove forests and fisheries. Food and Agriculture Organization of the United Nations, Rome, IOFC/DEV/74/34.

Manson, F.J., N.R. Loneragan, G.A. Skilleter & S.R. Phinn. 2005. An evaluation of the evidence for linkages between mangroves and fisheries: a synthesis of the literature and identification of research directions. *Oceanography and Marine Biology: an Annual Review* **43**: 485–515.

Martosubroto, P. & N. Naamin. 1977. Relationship between tidal forests (mangroves) and commercial shrimp production in Indonesia. *Marine Research in Indonesia* **18**: 81–86.

Matsui, N., J. Suekuni, M. Nogami, S. Havanond & P. Salikul. 2010. Mangrove rehabilitation dynamics and soil organic carbon changes as a result of full hydraulic restoration and re-grading of a previously intensively managed shrimp pond. *Wetlands Ecology and Management* **18**: 233–242.

Matthes, H. & J.M. Kapetsky. 1988. Worldwide compendium of mangrove-associated aquatic species of economic importance. *FAO Fisheries Circular* No. 814, pp. 1-236.

McKee, K.L. & P.L. Faulkner. 2000. Restoration of biogeochemical function in mangrove forests. *Restoration Ecol.* **8**: 247–259.

McLaughlin, P.A., S.F. Treat, A. Thorhaug & R. Lemaitre. 1983. A restored seagrass (*Thalassia*) bed and its animal community. *Environmental Conservation* **10**: 247–254.

Meagher, J.J., I. Williamson, N.R. Loneragan & D.J. Vance. 2005. Habitat selection of juvenile banana prawns, *Penaeus merguiensis* de Man: testing the roles of habitat structure, predators, light phase and prawn size. *Journal of Experimental Marine Biology and Ecology* **324**: 89–98.

Meynecke, J.-O., S.Y. Lee & N.C. Duke. 2007. Relation between tidal wetland connectivity and estuarine fisheries in Queensland, Australia. Unpublished paper, Queensland Coastal Conference, pp. 1–7 (available at http://www.qldcoastal conference.org.au/images/upload_images/Meynecke_Jan-Olaf(2).pdf).

Meynecke, J.-O., S.Y. Lee & N.C. Duke. 2008. Linking spatial metrics and fish catch reveals the importance of coastal wetland connectivity to inshore fisheries in Queensland, Australia. *Biological Conservation* **141**: 981–996.

Meynecke, J.-O., S.Y. Lee, N.C. Duke & J. Warnken. 2007. Relationships between estuarine habitats and coastal fisheries in Queensland, Australia. *Bulletin of Marine Science* **80**: 773–793.

Mfiling, P.L., T. Meziane, Z. Bachok & M. Tsuchiya. 2005. Litter dynamics and particulate organic matter outwelling from a subtropical mangrove in Okinawa Island, South Japan. *Estuarine, Coastal and Shelf Science* **63**: 301–313.

Micheli, F. 1993a. Effect of mangrove litter species and availability on survival, moulting, and reproduction of the mangrove crab *Sesarma messa*. *Journal of Experimental Marine Biology and Ecology* **171**: 149–163.

Micheli, F. 1993b. Feeding ecology of mangrove crabs in North Eastern Australia: mangrove litter consumption by *Sesarma messa* and *Sesarma smithii*. *Journal of Experimental Marine Biology and Ecology* **171**: 164–186.

Micheli, F., F. Gherardhi & M. Vannini. 1991. Feeding and burrowing ecology of two East African mangrove crabs. *Marine Biology* **111**: 247–254.

Moncreiff, C.A. & M.J. Sullivan. 2001. Trophic importance of epiphytic algae in subtropical seagrass beds: evidence from multiple stable isotope analyses. *Marine Ecology Progress Series* **215**: 93–106.

Morrisey, D.J., G.A. Skilleter, J.I. Ellis, B.R. Burns, C.E. Kemp & K. Burt. 2003. Differences in fauna and sediment among mangrove (Avicennia marina var. australasica) stands of different ages in New Zealand. *Estuarine, Coastal and Shelf Science* **56**: 581–592.

Mumby, P.J. & A. Hastings, 2008. The impact of ecosystem connectivity on coral reef resilience. *Journal of Applied Ecology* **45**: 854–862.

Mumby, P.J., A.J. Edwards, J.E. Arias-Gonzalez, K.C. Lindeman, P.G. Blackwell, A. Gall, M.I. Gorczynska, A.R. Harborne, C.L. Pescod, H. Renken, C.C.C. Wabnitz & G. Llewellyn. 2004. Mangroves enhance the biomass of coral reef fish communities in the Caribbean. *Nature* **427**: 533–536.

Nagelkerken, I. 2009. Evaluation of the nursery function of mangroves and seagrass beds for tropical decapods and reef fishes: Patterns and underlying mechanisms. *In* I. Nagelkerken, ed. *Ecological connectivity among tropical coastal ecosystems*. Springer, New York, pp. 357–399.

Nagelkerken, I. & C.H. Faunce. 2008. What makes mangroves attractive to fish? Use of artificial units to test the influence of water depth, cross-shelf location, and presence of root structure. *Estuarine, Coastal and Shelf Science* **79**: 559–565.

Nagelkerken, I., M.G.G. Grol & P.J. Mumby. In press. Effects of marine reserves versus nursery habitat availability on structure of reef fish communities. *PLoS One*.

Nagelkerken, I., M. Dorenbosch, W.C.E.P. Verberk, E. Cocheret de la Morinière & G. van der Velde. 2000. Importance of shallow water biopes of a Caribbean bay for juvenile coral reef fishes: patterns in biope association, community structure and spatial distribution. *Marine Ecology Progress Series* **202**: 175–192.

Nagelkerken, I., A.M. De Schryver, M.C. Verweij, F. Dahdouh-Guebas, G. van der Velde & N. Koedam. 2010. Differences in root architecture influence attraction of fishes to mangroves: a field experiment mimicking roots of different length, orientation, and complexity. *Journal of Experimental Marine Biology and Ecology* **396**: 27–34.

Nagelkerken, I., S. Kleijnen, T. Klop, R. van den Brand, E.C. de la Morinière, & G. van der Velde. 2001. Dependence of Caribbean reef fishes on mangroves and seagrass beds as nursery habitats: a comparison of fish faunas between bays with and without mangrove/seagrass beds. *Marine Ecology Progress Series* **214**: 225–235.

Nagelkerken, I., S.J.M. Blaber, S. Bouillon, P. Green, M. Haywood, L.G. Kirton, J.-O. Meynecke, J. Pawlik, H.M. Penrose, A. Sasekumar & P.J. Somerfield. 2008. The habitat function of mangroves for terrestrial and marine fauna: a review. *Aquatic Botany* **89**: 155–185.

Nakamura, Y., M. Horinouchi, T. Shibuno, Y. Tanaka, T. Miyajima, I. Koike, H. Kurokura & M. Sano. 2008. Evidence of ontogenetic migration from mangroves to coral reefs by black-tail snapper *Lutjanus fulvus*: stable isotope approach. *Marine Ecology Progress Series* **355**: 257–266.

Nanjo, K., Y. Nakamura, M. Horinouchi, H. Kohno & M. Sano. 2011. Predation risks for juvenile fishes in a mangrove estuary: a comparison of vegetated and unvegetated microhabitats by tethering experiments. *Journal of Experimental Marine Biology and Ecology* **405**: 53–58.

Neilson, M.J. & G.N. Richards. 1989. Chemical composition of degrading mangrove leaf litter and changes produced after consumption by mangrove crab *Neosarmatium smithi* (Crustacea: Decapoda: Sesarmidae). *Journal of Chemical Ecology* **15**: 1267–1284.

Odum, W.E. 1971. Pathways of energy flow in South Florida estuary. *University of Miami Sea Grant Technical Bulletin* No. 7, pp. 1–162.

Odum, W.E. & E.J. Heald. 1972. Trophic analysis of an estuarine mangrove community. *Bulletin of Marine Science* **22**: 671–738.

Odum, W.E. & E.J. Heald. 1975a. Mangrove forests and aquatic productivity. *In* A.D. Hasler, ed. *Coupling of land and water systems*. Ecological Studies 10, Springer Verlag, New York, pp. 129–136.

Odum, W.E. & E.J. Heald. 1975b. The detritus-based food web of an estuarine mangrove community. *In* L.E. Cronin, ed. *Estuarine research*. Vol. 1. Academic Press, New York, pp. 265–286.

Ong, J.E. 1993. Mangroves – a carbon source and sink. *Chemosphere* **27**: 1097–1107.

Ooi, J.L.S., G.A. Kendrick, K.P. Van Niel & Y.A. Affendi. 2011. Knowledge gaps in tropical southeast Asian seagrass systems. *Estuarine, Coastal and Shelf Science* **92**: 118–131.

Pauly, D. & J. Ingles. 1986. The relationship between shrimp yields and intertidal vegetation (mangrove) areas: a reassessment. *IOC FAO Workshop on Recruitment in Tropical Coastal Demersal Communities*, pp. 277-284. Ciudad de Carman, Mexico, IOC Unesco, Paris. As reprinted with additional comments. *In* A. Yáñez-Arancibia, & A.L. Lara-Domínguez, eds. 1999. *Ecosistemas de manglar en América tropical*. Instituto de Ecologia, Xalapa, pp. 311–316.

Paw, J.N. & T.E. Chua. 1989. An assessment of the ecological and economic impact of mangrove conversion in Southeast Asia. *Marine Pollution Bulletin* **20**: 335–343.

Payne, N.L. & B.M. Gillanders. 2009. Assemblages of fish along a mangrove-mudflat gradient in temperate Australia. *Marine and Freshwater Research* **60**: 1–13.

Pinto, L. 1987. Environmental factors influencing the occurrence of juvenile fish in the mangroves of Pagbilao, Philippines. *Hydrobiologia:* **150**: 283–301.

Pittman, S.J., C.A. McAlpine & K.M. Pittman. 2004. Linking fish and prawns to their environment: a hierarchical landscape approach. *Marine Ecology Progress Series* **283**: 233–254.

Poiner, I.R., C.A. Conacher, D.J. Staples & D.J.W. Moriarty. 1992. Seagrasses – why are they important? *In* O.N. Crimp, ed. *Moreton Bay in the balance*. Australian Littoral Society, Brisbane, pp. 41–53.

Pollard, D.A. 1984. A review of ecological studies on seagrass-fish communities, with particular reference to recent studies in Australia. *Aquatic Botany* **18**: 3–42.

Poovachiranon, S., K. Boto & N. Duke. 1986. Food preference studies and ingestion rate measurements of the mangrove amphipod *Parhyle hawaiensis* (Dana). *Journal of Experimental Marine Biology and Ecology* **98**: 129–140.

Preen, A.R., W.J. Lee Long & R.G. Coles. 1995. Flood and cyclone related loss, and partial recovery of more than 1 000 km^2 of seagrass in Hervey Bay, Queensland, Australia. *Aquatic Botany* **52**: 3–17.

Primavera, J.H. 1997. Fish predation on mangrove-associated penaeids. The role of structure and substrate. *Journal of Experimental Marine Biology and Ecology* **215**: 205–216.

Primavera, J.H. 1998. Mangroves as nurseries: shrimp populations in mangrove and non-mangrove habitats. *Estuarine, Coastal and Shelf Science* **46**: 457–464.

Quinn, N.J. & B.J. Kojis. 1985. Does the presence of coral reefs in proximity to a tropical estuary affect the estuarine fish assemblage? *Proceedings of the Vth International Coral Reef Congress* **5**: 445–450.

Rajendran, N. & K. Kathiresan. 2004. How to increase juvenile shrimps in mangrove waters? *Wetlands Ecology and Management* **12**: 179–188.

Rezende, C.E., L.D. Lacerda, A.R.C. Ovalle & L.F.F. Silva. 2007. Diel organic carbon fluctuations in a mangrove tidal creek in Sepetiba Bay, southeast Brazil. *Brazilian Journal of Biology* **67**: 673–680.

Rezende, C.E., L.D. Lacerda, A.R.C. Ovalle, C.A.R. Silva & L.A. Martinelli. 1990. Nature of POC transport in a mangrove ecosystem: a stable Carbon stable isotopic study. *Estuarine, Coastal and Shelf Science* **30**: 641–645.

Robertson, A.I. 1986. Leaf-burying crabs: their influence on energy flow and export from mixed mangrove forests (*Rhizophora* spp.) in northeastern Australia. *Journal of Experimental Marine Biology and Ecology* **102**: 237–248.

Robertson, A.I. & S.J.M. Blaber. 1992. Plankton, epibenthos and fish communities. In A.I. Robertson and D.M. Alongi, eds. *Tropical Mangrove Ecosystems*. American Geophysical Union, Washington, D.C., pp. 173–224.

Robertson, A.I. & P.A. Daniel. 1989. The influence of crabs on litter processing in high intertidal mangrove forests in tropical Australia. *Oecologia* **78**: 191–198.

Robertson, A.I. & N.C. Duke. 1987. Mangroves as nursery sites: comparisons of the abundance and species composition of fish and crustaceans in mangroves and other nearshore habitats in tropical Australia. *Marine Biology* **96**: 193–205.

Robertson, A.I. & N.C. Duke. 1990a. Mangrove fish-communities in tropical Queensland, Australia: spatial and temporal patterns in densities, biomass and community structure. *Marine Biology* **104**: 369–379.

Robertson, A.I. & N.C. Duke. 1990b. Recruitment, growth and residence time of fishes in a tropical Australian mangrove system. *Estuarine, Coastal and Shelf Science* **31**: 723–743.

Robertson, A.I., P.A. Daniel & P. Dixon. 1991. Mangrove forest structure and productivity in the Fly River estuary, Papua New Guinea. *Marine Biology* **111**: 147–155.

Rodelli, M.R., J.N. Gearing, P.J. Gearing, N. Marshall & A. Sasekumar. 1984. Stable isotope ratio as a tracer of mangrove carbon in Malaysian ecosystems. *Oecologia* **61**: 326–333.

Rönnböck, P. 1999. The ecological basis for economic value of seafood production supported by mangrove ecosystems. *Ecological Economics* **29**: 235–252.

Rönnböck, P., M. Troell, N. Kautsky & J.H. Primavera. 1999. Distribution pattern of shrimps and fish among *Avicennia* and *Rhizophora* microhabitats in the Pagbilao mangroves, Philippines. *Estuarine, Coastal and Shelf Science* **48**: 223–234.

Ruiz, G.M., A.H. Hines & M.H. Posey. 1993. Shallow water as a refuge habitat for fish and crustaceans in nonvegetated estuaries–an example from Chesapeake Bay. *Marine Ecology Progress Series* **99**: 1–16.

Russ, G.R. 1985. Effects of protective management on coral reef fisheries in the central Philippines. *Proceedings of the 5th International Coral Reef Symposium* **4**: 219–224.

Rypel, A.L., C.A. Layman & D.A. Arrington. 2007. Water depth modifies relative predation risk for a motile fish taxon in Bahamian tidal creeks. *Estuaries and Coasts* **30**: 518–525.

Saenger, P. 1994. Mangroves and saltmarshes. In L.S. Hammond & R.N. Synnot, eds. *Marine Biology*. Longman Cheshire, Melbourne, Chapter 13, pp. 238–256.

Saenger, P. 2002. *Mangrove ecology, silviculture and conservation*. Kluwer Academic Publishers.

Saenger, P. 2011. Mangroves: sustainable management in Bangladesh. *In* S. Günter, M. Weber, B. Stimm & R. Mosandl, eds. *Silviculture in the Tropics*. Springer Verlag, Berlin, pp. 339–347.

Saenger, P. & N.A. Siddiqi. 1993. Land from the sea: the mangrove afforestation program of Bangladesh. *Ocean and Coastal Management* **20**: 23–39.

Saenger, P., E.J. Hegerl & J.D.S. Davie (Eds.). 1983. Global status of mangrove ecosystems. *The Environmentalist* **3 (Suppl.)**: 1–88.

Saintilan, N. 2004. Relationships between estuarine geomorphology, wetland extent and fish landings in New South Wales estuaries. *Estuarine, Coastal and Shelf Science* **61**: 591–601.

Sasekumar, A., V.C. Chong, M.U. Leh & R. D'Cruz. 1992. Mangroves as a habitat for fish and prawns. *Hydrobiologia* **247**: 195–207.

Scott, T.D., E.A. Reyier, W.P. Davis & C.C. McIvor. 2007. Mangrove removal in the Belize cays: effects on mangrove-associated fish assemblages in the intertidal and subtidal. *Bulletin of Marine Science* **80**: 879–890.

Serafy, J.E. & R.J. Araújo. 2007. Preface. *Bulletin of Marine Science* **80**: 453–456, 915–935.

Sheaves, M. 2000. Short-circuit in the mangrove food chain. *Marine Ecology Progress Series* **199**: 97–109.

Sheaves, M. & B. Molony. 2001. Coherent patterns of abundance and size of a tropical snapper in dynamic estuary systems. *Wetlands Ecology and Management* **9**: 429–439.

Sheaves, M., R. Baker & R. Johnston. 2006. Marine nurseries and effective juvenile habitats: an alternative review. *Marine Ecology Progress Series* **318**: 303–306.

Sheridan, P. 1997. Benthos of adjacent mangrove, seagrass and non-vegetated habitats in Rookery Bay, USA. *Estuarine, Coastal and Shelf Science* **44**: 455–469.

Sheridan, P. & C. Hays. 2003. Are mangroves nursery habitat for transient fishes and decapods? *Wetlands* **23**: 449–458.

Shervette, V.R., W.E. Aguirre, E. Blacio, R. Cevallas, M. Gonzalez, F. Pozo & F. Gelwick. 2007. Fish communities of a disturbed mangrove wetland and an adjacent tidal river in Palmar, Ecuador. *Estuarine, Coastal and Shelf Science* **72**: 115–128.

Simpson, J.H., W.K. Gong & J.E. Ong. 1997. The determination of the net fluxes from a mangrove estuary system. *Estuaries* **20**: 103–109.

Skilleter, G.A., A. Olds, N.R. Loneragan & Y. Zharikov. 2005. The value of patches of intertidal seagrass to prawns depends on their proximity to mangroves. *Marine Biology* **147**: 353–365.

Smit, A.J., A. Brearley, G.A. Hyndes, P.S. Lavery & D.I. Walker. 2005. Carbon and nitrogen stable isotope analysis of an *Amphibolus griffithii* seagrass bed. *Estuarine, Coastal and Shelf Science* **65**: 545–556.

Smit, A.J., A. Brearley, G.A. Hyndes, P.S. Lavery & D.I. Walker. 2006. $\delta^{15}N$ and $\delta^{13}C$ analysis of a *Posidonia sinuosa* bed. *Aquatic Botany* **84**: 277–282.

Smith, T.M. & J.S. Hindell. 2005. Assessing effects of diel period, gear selectivity and predation on patterns of microhabitat use by fish in a mangrove dominated system in SE Australia. *Marine Ecology Progress Series* **294**: 257–270.

Spalding, M., F. Blasco & C. Field (Eds.). 1997. *World mangrove atlas*. ISME/ITTO, Okinawa.

Spalding, M., M. Kainuma & L. Collins. 2010. *World atlas of mangroves*. Earthscan, London.

Stapel, J., T.L. Aarts, B.H.M. Van Duynhoven, J.D. De Groot, P.H.W. Van den Hoogen & M.A. Hemminga. 1996. Nutrient uptake by leaves and roots of the seagrass *Thalassia hemprichii* in the Spermonde Archipelago, Indonesia. *Marine Ecology Progress Series* **134**: 195–206.

Staples, D.J. 1980a. Ecology of juvenile and adolescent banana prawns Penaeus merguiensis (de Man) in a mangrove estuary and adjacent offshore area of the Gulf of Carpentaria. I. Immigration and settlement of post larvae. *Australian Journal of Marine and Freshwater Research* **31**: 635–652.

Staples, D.J. 1980b. Ecology of juvenile and adolescent banana prawns *Penaeus merguiensis* in a mangrove estuary and adjacent offshore area of the Gulf of Carpentaria. II. Emigration, population structure and growth of juveniles. *Australian Journal of Marine and Freshwater Research* **31**: 653–665.

Staples, D.J. 1991. Penaeid prawn recruitment: geographic comparison of recruitment patterns within the Indo-Pacific region. *Memoirs of the Queensland Museum* **31**: 337–348.

Staples, D.J. & D.J. Vance. 1986. Emigration of juvenile banana prawns *Penaeus merguiensis* from a mangrove estuary and recruitment to offshore areas. *Marine Ecology Progress Series* **27**: 239–252.

Staples, D.J., D.J. Vance & D.S. Heales. 1985. Habitat requirements of juvenile penaeid prawns and their relationship to offshore fisheries. *In* Rothlisberg, P.C., B.J. Hill & D.J. Staples, eds. *Second Australian National Prawn Seminar, Kooralbyn, Queensland.* CSIRO, Cleveland, pp. 47–54.

Steinke, T.D., A. Rajh & A.J. Holland, 1993. The feeding behaviour of the red mangrove crab *Sesarma meinerti* de Man, 1887 (Crustacea: Decapoda: Grapsidae) and its effect on the degradation of mangrove leaf litter. *South African Journal of Marine Science* **13**: 151–160.

Stieglitz, T. & P.V. Ridd. 2001. Trapping of mangrove propagules due to density-driven secondary circulation in the Normanby River estuary, NE Australia. *Marine Ecology Progress Series* **211**: 131–142.

Stoner, A.W. & R.J. Zimmerman. 1988. Food pathways associated with penaeid shrimps in a mangrove-fringed estuary. *Fishery Bulletin* **86**: 543–551.

Thayer, G.W., D.R. Colby & W.F. Hettler. 1987. Utilization of the red mangrove prop root habitat by fishes in south Florida. *Marine Ecology Progress Series* **35**: 25–38.

Thayer, G,W., A.B. Powell & D.E. Hoss. 1999. Composition of larval, juvenile, and small adult fishes relative to changes in environmental conditions in Florida Bay. *Estuaries and Coasts* **22**: 518–533.

Thollot, P. & M. Kulbicki. 1989. Overlap between the fish fauna inventories of coral reefs, soft bottoms and mangroves in Saint-Vincent Bay (New Caledonia). *Proceedings of the VIth International Coral Reef Symposium* **2**: 613–618.

Turner, R.E. 1977. Intertidal vegetation and commercial yields of penaeid shrimp. *Transactions of the American Fisheries Society* **106**: 411-416.

Twilley, R.R. 1995. Properties of mangrove ecosystems related to the energy signature of coastal environments. *In* C.A.S. Hall, ed. *Maximum power: the ideas and applications of H.T. Odum.* University of Colorado Press, Boulder, pp. 43–62.

Twilley, R.R., A.E. Lugo & C. Patterson-Zucca. 1986. Litter production and turnover in basin mangrove forests in south-west Florida. *Ecology* **67**: 670–683.

Twilley, R.R., M. Pozo, V.H. Garcia, V.H. Rivera-Monroy, R. Zambrano & A. Bodera. 1997. Litter dynamics in riverine mangrove forests in the Guayas River estuary, Ecuador. *Oecologia* **111**: 109–122.

Unsworth, R.K.F., E. Wylie, D.J. Smith & J.J. Bell. 2007a. Diel trophic structuring of seagrass bed fish assemblages in the Wakatobi Marine National Park, Indonesia. *Estuarine, Coastal and Shelf Science* **72**: 81–88.

Unsworth, R.K.F., J.D. Taylor, A. Powell, J.J. Bell & D.J. Smith. 2007b. The contribution of scarid herbivory to seagrass ecosystem dynamics in the Indo-Pacific. *Estuarine, Coastal and Shelf Sciences* **74**: 53–62.

van Houte-Howes, K.S.S., S.J. Turner & C.A. Pilditch. 2004. Spatial differences in macroinvertebrate communities in intertidal seagrass habitats and unvegetated sediment in three New Zealand estuaries. *Estuaries and Coasts* **27**: 945–957.

Vance, D.J., M.D.E. Haywood & D.J. Staples. 1990. Use of a mangrove estuary as a nursery area by postlarval and juvenile banana prawns, *Penaeus merguiensis* de Man, in northern Australia. *Estuarine, Coastal and Shelf Science* **31**: 689–701.

Vance, D.J., M.D.E. Haywood, D.S. Heales, R.A. Kenyon & N.R. Loneragan. 1998. Seasonal and annual variation in abundance of postlarval and juvenile banana prawns, *Penaeus merguiensis*, and environmental variation in two estuaries in tropical northeastern Australia: a six-year study. *Marine Ecology Progress Series* **163**: 21–36.

Vance, D.J., M.D.E. Haywood, D.S. Heales, R.A. Kenyon, N.R. Loneragan & R.C. Pendrey. 1996. How far do prawns and fish move into mangroves? Distribution of juvenile banana prawns, *Penaeus merguiensis* and fish in a tropical mangrove forest in northern Australia. *Marine Ecology Progress Series* **131**: 115–124.

Verweij, M.C., I. Nagelkerken, I. Hans, S.M. Ruseler & P.R.D. Mason. 2008. Seagrass nurseries contribute to coral reef fish populations. *Limnology and Oceanography* **53**: 1540–1547.

Verweij, M.C., I. Nagelkerken, D. de Graaff, M. Peeters, E.J. Bakker & G. van der Velde. 2006. Structure, food and shade attract juvenile coral reef fish to mangrove and seagrass habitats: a field experiment. *Marine Ecology Progress Series* **306**: 257–268.

Vidy, G. 2000. Estuarine and mangrove systems and the nursery concept: which is which? The case of the Sine Saloum system (Senegal). *Wetlands Ecology and Management* **8**: 37–51.

Vonk, J.A., M.J.A. Christianen & J. Stapel. 2008. Redefining the trophic importance of seagrasses for fauna in tropical Indo-Pacific meadows. *Estuarine, Coastal and Shelf Science* **79**: 653–660.

Vose, F.E. & S.S. Bell. 1994. Resident fishes and macrobenthos in mangrove-rimmed habitats: evaluation of habitat restoration by hydrological modification. *Estuaries and Coasts* **17**: 585–596.

Vovides, A.G., Y. Bashan, J.A. López Portillo & R. Guevara. 2010. Nitrogen fixation in preserved, reforested, naturally regenerated and impaired mangroves as an indicator of functional restoration in mangroves in an arid region of Mexico. *Restoration Ecology* **19**: 236–244.

Walters, B.W., P. Rönnbäck, J.M. Kovaks, B. Crona, S.A. Hussain, R. Badola, J.H. Primavera, E. Barbier & F. Dahdouh-Guebas. 2008. Ethnobiology, socio-economics and management of mangrove forests. *Aquatic Botany* **89**: 220–236.

Wang, M., Z. Huang, F. Shi & W. Wang. 2009. Are vegetated areas of mangroves attractive to juvenile and small fish? The case of Dongzhaigang Bay, Hainan Island, China. *Estuarine, Coastal and Shelf Science* **85**: 208-216.

Werry, J. & S.Y. Lee. 2005. Grapsid crabs mediate link between mangrove litter production and estuarine planktonic food chains. *Marine Ecology Progress Series* **23**: 165–176.

Wolanski, E., Y. Mazda & P. Ridd. 1992. Mangrove hydrodynamics. *In* A.I. Robertson and D.M. Alongi, eds. *Tropical mangrove ecosystems*. American Geophysical Union, Washington, D.C., pp. 43–62.

Yamamuro, M. 1999. Importance of epiphytic cyanobacteria food sources for heterotrophs in a tropical seagrass bed. *Coral Reefs* **18**: 263–271.

Yáñez-Arancibia, A.Y., A.L.L. Dominguez & J.W. Dya. 1993. Interaction between mangrove and seagrass habitats mediated by estuarine nekton assemblages: coupling of primary and secondary production. *Hydrobiologia* **254**: 1–12.

Zann, L.P. 1999. A new (old) approach to inshore resources management in Samoa. *Ocean and Coastal Management* **42**: 569–590.

Zann, S. & L. Zann. 2008. Poverty in paradise? Issues in poverty and development in Fijian fishing villages. *SPC Women in Fisheries Information Bulletin No. 18.* pp. 36–41.